Wie zwei Schwalben im Flug

Geschichte über eine Liebe die durch Alkohol zerstört wurde und der Weg aus der Co-Abhängigkeit.

Die Namen von Menschen und Orten wurden aus Rücksicht auf noch lebende Personen verändert.

Umschlaggestaltung Maria Merimi

Heute

Achte gut auf diesen Tag
denn er ist das Leben.
Das Leben allen Lebens.
In seinem kurzen Ablauf
liegt alle Wirklichkeit und Wahrheit des Daseins.
Die Wonne des Wachsens,
die Größe der Tat
und die Herrlichkeit der Kraft.
Denn das Gestern ist nichts als ein Traum
und das Morgen nur eine Vision.
Das Heute jedoch - recht gelebt -
macht jedes Gestern zu einem Traum voller Glück
und jedes Morgen zu einer Vision voller Hoffnung.
Darum achte gut auf diesen Tag![1]

Wie es zu dieser Geschichte kam

Dieses Buch ist auf eine ungewöhnliche Art und Weise entstanden. Die meisten Geschichten sind zu mir im Traum gekommen, bzw. waren beim Aufwachen so präsent, dass ich sie niederschreiben musste. Somit sind sie nicht an eine bestimmte Reihenfolge gebunden. Ich habe daher versucht die Geschichte in einer Art Tagebuch zu schreiben.

So beginnt der Anfang der Geschichte mit einem intensiven Traum, den ich in der Nacht zum 11. September 2013, nach dem Tod des Vaters meines Sohnes hatte. Und auch in den folgenden, insgesamt 3 Jahren wurde die Fortsetzung der Geschichte immer wieder über intensive Träume zu mir gebracht. Dabei war der Traum jeweils der Einstieg in meine Erinnerungen an Zeiten die lange zurückliegen und die ich eigentlich glaubte schon vergessen zu haben.

Ich möchte erwähnen, dass ich mich während dieser Zeit an verschiedenen Orten in der Welt aufhielt und versuchte, aus all meinen handgeschriebenen Heften ein Buch zu entwickeln. Das war insofern nicht ganz einfach, da ich in Brasilien Traumgeschichten von Fuerteventura in die Wirklichkeit holte oder umgekehrt. Dazu kam, dass natürlich das Leben weiterging und seine eigenen Geschichten schrieb, so z.B. während meines Aufenthaltes in Brasilien mit einem mir nahen Menschen. Dort wurde ich noch einmal sehr stark mit dem Thema Alkoholismus konfrontiert. Aus all dem ist eine Art Patchwork Arbeit entstanden, die am Ende zu einem harmonischen Ganzen zusammenkommen soll.

Mein Wunsch ist es diese Geschichte für alle Menschen zu schreiben, die sich mit dem Thema Alkoholismus oder Co-Abhängigkeit auseinandersetzen wollen oder müssen.

Es richtet sich an Alkoholiker, Angehörige, Freunde und Arbeitskollegen von Alkoholikern. Überhaupt an Menschen, denen das Schicksal eines durch Alkohol aus der Bahn geworfenen Menschen am Herzen liegt.

Ich selber bin ein Jahr in eine Gruppe für Angehörige von Alkoholikern gegangen und habe intensiv mit dem 12-Schritteprogramm gearbeitet.

Ich habe versucht, Wege der Heilung aufzuführen und natürlich all das aus meinen eigenen Erfahrungen heraus. Diese Erfahrungen sind aus dem Blickwinkel eines Angehörigen des Alkoholikers entstanden. Ich glaube jedoch, dass sie auch Alkoholikern, die sich auf den Weg der Heilung begeben, eine Hilfe sein können. Wenn es mir gelingt nur einer einzigen Person mit meinem sehr persönlichen Bericht weiterzuhelfen, dann hat sich mein Schreiben gelohnt.

Mittwoch, 11. September 2013, 7.40 Uhr

Ich sitze da und schaue in den Sternenhimmel im Piemont in Italien. Die Fülle der Sterne überwältigt mich. Ich sehe die Milchstraße! Seit Jahren habe ich sie nicht mehr so deutlich gesehen. Ich verbinde mich mit Michel. Er war mein Lebenspartner, Vater meines Sohnes, später Ehemann, dann Freund. Mehr als 30 Jahre hat er meinen Lebensweg begleitet und oft auf dramatische Weise geprägt. Am 25. August 2013 ist er für mich unerwartet in der Nacht von Samstag auf Sonntag friedlich eingeschlafen. Die Nachricht seines Todes war ein Schock für mich.

Michel war Alkoholiker und hat viel Leiden bei den Menschen erzeugt die ihn ganz besonders liebten. Ich wollte ihn noch einmal sehen, als er schon 4 Tage tot war. Das Beerdigungsunternehmen hatte mir abgeraten mit der Begründung, der Sterbeprozess sei schon zu weit fortgeschritten. Aber ich hatte den starken Wunsch, ihn noch einmal zu sehen, und das stellte sich im Nachhinein als absolut wertvoll heraus. Mit einer Freundin, die ihn in den letzten 2 Jahren begleitet und gepflegt hatte, betrat ich das kleine Zimmer im Beerdigungsinstitut, dort war Michel aufgebahrt. Die Angst, die ich noch vor dem Betreten des Raumes verspürt hatte, war sofort verschwunden, als ich ihn dort liegen sah. Sein Gesicht war so friedlich und würdevoll, dass es mir Freude machte, ihn noch einmal zu sehen. Um seinen Mund lag ein Lächeln. Dieses Lächeln wurde auch von Marianne sofort bemerkt, und sie sagte: „So freundlich habe ich ihn schon lange nicht mehr gesehen."

Ich konnte es kaum glauben: er lag da, mit seinem schwarzen Künstlerhut, seinem bunten Lieblingshemd, Jeans und Lederjacke, die Hände auf dem Bauch gefaltet und lächelte mir zu. Ich erschrak nicht, als ich seine kalten Hände und sein Gesicht berührte, ihm zum Abschied einen Kuss auf seine schöne Nase gab. Endlich hatte er Frieden gefunden. Er war die Liebe meines Lebens und durch ihn hat mein Leben den Weg genommen, den ich heute gehe. Der Text "Heute", den ich am Anfang meiner

Erzählung aufgeschrieben habe, sollte mich nun ein weiteres Mal, wie schon so oft in wichtigen Lebenssituationen, begleiten. Bei der Trauerfeier am 2. Sept. 2013 im Bestattungshaus trug der bestellte Prediger genau diesen Spruch vor. Und obwohl ich keinen Einfluss darauf ausgeübt hatte, überraschte es mich nicht, ihn jetzt zu hören.

"Wo warst Du die ganze Zeit" sagte Michel, als wir uns im Januar 1980 in einem Lokal in der Altstadt kennenlernten. Er stolperte mir fast in die Arme, so angetrunken war er. Mich hat es nicht abgeschreckt, er war mir trotzdem sympathisch. Irgendwie erinnerte er mich an meinen Vater mit seiner brillanten Redeweise, witzig und intelligent. Auch die Geschichte der politischen Vergangenheit seiner Eltern, die gegen Hitler gekämpft hatten, kannte ich ähnlich von meinem Vater. Es schien uns, als seien wir seelenverwandt. All das gehörte auch zu mir und zog mich sehr zu ihm hin. Zu dieser Zeit wäre ich nie auf die Idee gekommen, dass er Alkoholiker sein könnte.

Er hatte eine Trennung hinter sich von seiner damaligen Lebensgefährtin, die einen 7 Jahre alten Sohn von ihm hatte. Gerne habe ich ihm geglaubt, dass seine Ex ihn nicht verstanden hat, ihn, den sensiblen Künstler. Ich war zu der Zeit nicht in der Lage zu sehen, dass bei Michel eine Wiederholung stattfand. Denn auch seine erste Ehe war auseinandergegangen, als seine Tochter noch klein war.

Ich liebte ihn so wie er war und glaubte fest daran, dass mit uns alles gut werden würde. Ich wollte auch ein Kind von ihm, am liebsten direkt. Als wir dann zwei Jahre zusammen waren, kam unser Sohn Jan auf die Welt. So hatte Michel drei Kinder, jeweils im Abstand von 10 Jahren, mit drei Frauen.

Die erste Zeit mit Michel verging wie im Rausch. Es war selbstverständlich, dass ständig Alkohol getrunken wurde. Er gehörte einfach dazu. Wir hatten uns gefunden und nur das zählte. Es war uns ganz egal ob wir nüchtern oder betrunken waren. In der ersten Zeit gab es immer etwas zu feiern.

Wir waren von Anfang an sehr eng miteinander verbunden. So machte er mir schon nach kurzer Zeit einen Heiratsantrag. Er wollte allen zeigen, dass wir uns gefunden hatten und zusammengehörten. Jeder sollte es wissen!

Wir gingen zum Standesamt in den ersten drei Monaten, nachdem wir uns kennen gelernt hatten. Um das Aufgebot beantragen zu können, brauchten wir unsere rechtskräftigen Scheidungsurteile. Als er seines aus der Wohnung der früheren Lebensgefährtin holen wollte, kam es zu erheblichen Schwierigkeiten. Er hatte mit ihr zusammengelebt, ohne mit ihr verheiratet gewesen zu sein. Sie hatten einen gemeinsamen Sohn. Für sie war unsere Heiratsabsicht ein Schock. Sie waren zwar schon einige Zeit getrennt, aber nun zu sehen, dass ihr Partner nach so kurzer Zeit heiraten wollte, verursachte ihr viel Leid. Es ging ihr mit dieser Nachricht sehr schlecht und natürlich auch dem Sohn. Es wurde davon gesprochen, dass sie einen Selbstmordversuch gemacht hat. Seine Tochter aus 1. Ehe hatte sich gerade an die neue Familie ihres Vaters gewöhnt, besonders an ihren kleinen

Bruder. Sie konnte es einfach nicht begreifen, dass nun schon wieder so viel Unglück über ihre Familie hereinbrechen sollte. Sie hatte das Gleiche bereits selbst erleben müssen, als ihr Vater und ihre Mutter sich trennten. Von da an hat sie sich zurückgezogen und wollte mit Michels neuer Beziehung nichts zu tun haben. Das konnte ich deutlich spüren. Michel bat mich, unsere Heiratsabsichten zu verschieben. So hatte unser Glück die erste Prüfung zu bestehen.

Heute Nacht beim Blick in die Sterne wurde mir klar, dass ich diese Geschichte aufschreiben muss. In der Zeit meiner größten Verzweiflung über den Alkoholismus in meiner Familie, fand ich zu Al-Anon, einer Gruppe für Angehörige von Alkoholikern. Dieser Gruppe habe ich sehr viel zu verdanken. Den Text "Heute" auf der ersten Seite dieses Buches, habe ich dort zum ersten Mal gehört. Er begleitet mich bis zum heutigen Tag und ist immer noch wichtig für mich.

Aus persönlichen Gründen ging ich nur ein Jahr

regelmäßig zu den Treffen der Gruppe, und zwar immer am Samstag. Zwischendurch konnte ich mich in einer Kur erholen und stärken. Da ich berufstätig war und einen kleinen Sohn hatte, war mir nach einem Jahr der Samstag *zu schade* um zur Gruppe zu gehen. Ich wollte meine kostbare, freie Zeit lieber mit meinem Sohn verbringen. Denn Dank der Anregungen des AA Programms hatte ich einen Weg aus dem Chaos gefunden und konnte nun jede freie Minute, die ich mit meinem Sohn verbrachte, wirklich genießen. Mir war damals schon bewusst, dass die Gruppen durch das miteinander Teilen existieren. Ich hatte mittlerweile gute Fortschritte gemacht, von denen auch andere hätten profitieren können. So blieb bei mir ein schlechtes Gewissen und das Gefühl, ich hätte mehr teilen sollen. Dieses Buch soll Hoffnung machen und vielleicht gelingt es mir nun auf diese Art und Weise doch noch einiges zu teilen.

Donnerstag, 19. September 2013, 5.45 Uhr

So wie mir in der Nacht zum 11. September 2013 in Italien beim Anblick des Sternenhimmels die Idee des vorliegenden Buches kam, so werde ich in der Nacht des 19. September 2013 plötzlich und ohne bestimmten Grund wach. Der Kater, der sich in mein Bett geschlichen hat, beißt mir sanft in den Arm. Es ist tröstlich ihn neben mir zu spüren. Der Vollmond scheint hell in mein Fenster, ich kann ihn vom Bett aus, durch die Bambusjalousie, sehen. Es ist der erste Vollmond seit Michels Tod. Ich sage spontan: *"Hallo Michel, wie geht es Dir, da wo Du jetzt bist."* Ich verbinde mich mit ihm und denke an unsere 12 Vollmonde des Jahres 1981/1982. Es muss so um die gleiche Jahreszeit gewesen sein. Wir haben eine Reise angetreten zur Insel Kalymnos/Griechenland. Über den Autoput im damaligen Jugoslawien waren wir mit dem VW Bus unterwegs. Nicht nur die Fahrt war sehr abenteuerlich, sondern auch der gesamte Aufenthalt von einem Jahr auf der Insel. Am Ende dieses Jahres kommen wir, 6 Wochen vor der

Geburt unseres Sohnes, nach Deutschland zurück. Am Anfang dieser Reise sagte Michel: *"Lass uns 12 Vollmonde bleiben und schauen was passiert!"* Jeder Vollmond wurde besonders gewürdigt und beachtet. So waren wir 12 Monde unterwegs.

Anfang der Kalymnos-Geschichte

Es ist September 2013 und ich liege wach in meiner Wohnung und starre in den Himmel. Der Kater liegt immer noch neben mir. Der Vollmond, der mich eben geweckt hat, ist nun hinter den dunklen Wolken verschwunden. Meine Erinnerungen an Michel und die intensive Zeit unseres gemeinsamen Lebens sind geblieben. Wir waren so voller Hoffnung und Freude, als wir aufbrachen um etwas Neues auszuprobieren. Ich habe ihn ständig angespornt und mitgerissen mit meiner unbändigen Neugier auf das Leben. So war auch ich es, die sofort Feuer und Flamme war, als Jannis Leute suchte, um mit ihm zur Insel Kalymnos zu fahren. Er hatte dort ein Grundstück gekauft und wollte mit einem Lkw und einigen Leuten dort hinfahren, um zu bauen. Er wusste, dass Michel früher in Paris auf dem Place du Tertre gemalt hatte. So sagte er zu ihm: *"Die Insel kann Maler gebrauchen. Fahr mit, dann kannst Du neu anfangen und wieder malen!"* Michel war sehr beliebt und viele versuchten ihm zu helfen. Sein Problem war, dass er oft andere für sein Versagen verantwortlich machte. Dabei verfiel er gerne in Selbstmitleid. Beim Schreiben merke ich, dass ich aufpassen möchte nicht heute noch Schuldzuweisungen zu machen. Denn gehört nicht genau all das - Selbstmitleid, Schuldzuweisungen - zu der Krankheit Alkoholismus/Co-Abhängigkeit? Ich versuche diese Geschichte aufzuschreiben um Mut zu machen. Heute weiß ich, dass Michel Alkoholiker war, damals wusste ich es nicht. Ich kannte das Krankheitsbild Alkoholismus noch gar nicht und war oft einfach enttäuscht und sauer auf ihn. Ich hatte noch nie etwas von Co-Abhängigkeit gehört und warum ich mir ausgerechnet diesen Partner ausgesucht hatte.

Oktober 2013-Januar 2014

Ich habe inzwischen 60 Seiten mit der Hand geschrieben. Diese Aufzeichnungen habe ich auf meiner Reise durch Südamerika festgehalten. Und nun auf Fuerteventura habe ich begonnen alles zu ordnen und will es in eine Form bringen. Ich merke inzwischen, dass sich die Geschichten vermischen. Auf dieser Reise durch Südamerika, an der auch mein Sohn beteiligt war, stellte sich heraus, dass er ähnliche Probleme hat wie sein verstorbener Vater. Die Ereignisse scheinen sich zu wiederholen. Ich bleibe gelassen und lasse mich nicht entmutigen.

Und wieder ein Vollmond

Zwiesprache mit Michel

Viele Menschen haben versucht, dir zu helfen, wenn du verzweifelt warst und nicht mehr weiterwusstest. Immer waren die anderen Schuld, wenn dir etwas nicht gelang. Und wenn die anderen es schuld waren, hattest du einen Grund,

an der Theke zu sitzen und dir leid zu tun. Ich weiß auch heute noch nicht, wo du in manchen Nächten geschlafen hast. Oft bist du einfach an der Theke eingeschlafen. Wenn das dem Wirt nicht gefiel, dann gingst du weiter. Jannis aus der Altstadt ist sehr gut mit dir umgegangen. Während ich das schreibe, erfahre ich, dass er gestorben ist. So hat er nur knapp zwei Monate länger gelebt als du. Nach deinem Tod bin ich zu ihm gegangen und wollte Trost bei ihm finden. Wir haben zusammengesessen und über alte Zeiten gesprochen.
(Ende der Zwiesprache)

Es konnte vorkommen, dass Michel eine ganze Woche unterwegs war, bevor er wieder nach Hause kam. Das war sehr schlimm für mich und seine Familie. Warum sind diese Erinnerungen heute so stark? Sind sie durch den Vollmond heute Nacht zum Vorschein gekommen? Die Zeit vor 31 Jahren steht sehr lebendig vor mir. Im November wird mein Sohn 31 Jahre alt und ich sehe Parallelen zu seinem Vater. Als er zu Michels Beerdigung von Brasilien angereist kommt, bin ich erschrocken. Er ist an einem

Abend so betrunken und böse, dass er zu mir sagt: *"ich bin 200 Prozent Alkoholiker, das volle Programm, genau wie mein Vater!"* Als ich davon nichts wissen will, weil ich den Schmerz nicht aushalte, wirft er mir vor, dass ich es noch nie vertragen konnte, die Wahrheit zu hören. Wenn es anfing weh zu tun, sei ich aggressiv geworden. Ja, ich musste tief atmen und ruhig sitzen, denn der Schmerz haute mich um. Nach all den Jahren ist dieser Schmerz immer noch unerträglich. Ich kann ihn auch heute noch spüren, diesen Schmerz von damals. Ich wusste genau was mein Sohn meinte. Ich weiß, ich darf nicht zumachen, wenn er heute anfängt zu reden. Endlich mit 31 Jahren, beim Tod seines Vaters, fängt er an zu reden. Vorher wollte er von diesem Thema nichts wissen. Wenn ich in den letzten Jahren fragte: *" Kannst Du Dich nicht an all das erinnern, was geschehen ist, als du Kind warst?"* Der Schmerz überrollt mich auch jetzt noch mit voller Wucht. Beim Schreiben ist es immer noch ein Gefühl, als wolle sich das Innere nach außen drehen, es geht bis zur Übelkeit. Nein, auch Jan wollte diesen Schmerz nicht spüren; sagte mir: *" Mutter, alles ist gut!"*

Es ist wichtig, wenn er jetzt anfängt darüber zu sprechen. Ich muss einen Weg finden damit umzugehen. Das allein ist wichtig. Erst dann ist Heilung möglich für uns beide.

Nun merke ich, dass ich anfange in meinen Gedanken zu springen. Alles fließt und will aus mir heraus. Gegenwart, Vergangenheit und Zukunft scheinen ineinander zu fließen. Aber so ist es wahrscheinlich auch. Ich möchte den Faden in der Geschichte nicht verlieren, eine Klarheit für den Leser erreichen. Etwas zum Ausdruck bringen, was hilfreich ist für den eigenen Weg. Durch den Vollmond heute Nacht überstürzen sich meine Gedanken und Erinnerungen, alles will noch einmal angesehen werden. Ich lasse es zu, lasse es fließen und schreibe einfach drauf los. Sortieren kann ich es später noch. Nun schreibe ich schon fast eine Stunde.

Ein weiterer Teil der Kalymnos-Geschichte
Die Erinnerung an die Zeit vor 32 Jahren beim ersten Vollmond auf dem Weg zur Insel Kalymnos ist heute sehr lebendig. Wir übernachten im VW-Bus in der Altstadt von Athen. Wir haben

in dem Vergnügungsviertel, mit vielen Lokalen für Studenten und Touristen, zu Abend gegessen und kein Hotel gefunden. Nach einem wunderbaren Abend und viel Freude auf das was kommen wird, haben wir uns einfach in den Bus zum Schlafen gelegt. Der Reise vorausgegangen waren viel Aufregung und Zweifel meinerseits. Ich war mir nicht mehr sicher, ob aus unserer Beziehung wirklich etwas Gutes entstehen könnte. Es war viel passiert und ich war irgendwie auf der Flucht. Ich wollte ihn unbedingt aus seinem Kneipenumfeld in Freiburg herausholen. So glaubte ich, ein Ortswechsel und eine neue Beschäftigung würden alles zum Guten wenden.

Wenn ich mir die ersten 21 Monate unseres Zusammenseins im Zeitraffer ansehe, kann ich kaum glauben was alles geschehen war;

Michel verpatzt mehrere, gute Aufträge durch Unzuverlässigkeit und verfällt ins Grübeln und zieht sich zurück. Dadurch verärgert er Freunde und Auftraggeber. Da er ständig trinkt, fängt es zwischen uns an zu kriseln. Wir haben 18 Monate absolut intensiv zusammen verbracht, Tag und Nacht. Ich halte das ständige Zusammensein mit einem Mann, der so viel Alkohol trinkt, nicht mehr aus. Ich kann feststellen, dass ich meine eigenen Bedürfnisse gar nicht mehr kenne und merke, dass ich dringend loslassen muss. Meine Angst, ihn alleine zu lassen und dann nicht zu wissen, was geschieht, macht mich krank. Es ist, als müsse ich ihn immer wieder überlisten, irgendwohin locken, nur damit er nicht abstürzt. Es ist mir einfach zu anstrengend geworden. So entschließe ich mich mit den Frauen meiner Wohngemeinschaft zum Sommerlager der Falken nach Italien zu fahren. In der Nähe von Bologna sind wir als Helfer dabei. In diesen Ferien verliebe ich mich heftig. Alles in mir schreit nach Veränderung. Ich will diese krankhafte Symbiose zwischen uns auflösen. Spüre, dass diese Beziehung nicht gesund ist. Ich lebe etwas, das ich aus meinem Elternhaus kenne. Langsam dämmert es mir, dass hier ein Problem vorliegt und er nicht einfach mal was trinkt aus Geselligkeit und Freude. Als ich zurückkomme will ich ihm sagen, dass es keinen Zweck mehr hat mit uns. Ich weiß noch wie er betrunken am Tresen seiner Stammkneipe stand und sich nicht getraut hat was zu sagen. So als würde er ahnen, dass sich etwas verändert hat. Er hatte ein schlechtes Gewissen, weil er die 14 Tage meiner Reise nicht genutzt hatte zum Arbeiten. Er hat mir leid getan und ich wurde traurig, als ich ihn so sah. Zuerst ging ich weg ohne etwas zu sagen. Ich musste überlegen, was ich tun sollte. Eine neue Beziehung anzufangen war jedenfalls nicht die richtige Lösung. In dieser Nacht begegneten wir uns wieder und sprachen über alles. Wir waren fest entschlossen neu anzufangen. Von nun an sollte alles besser werden.

Michel hatte mir erzählt, dass Jannis nach Kalymnos fahren wolle um zu bauen und ihn gefragt hat, ob er nicht mitkommen möchte. Ich war sofort begeistert von dieser Idee. Das war der Weg etwas zu verändern. Im Oktober 1981 fing mein Studium an der FH an, aber bis dahin konnte ich ihn begleiten. So ist es mir gelungen Michel aus seiner Lethargie herauszuholen. Da ging es ihm sofort gut. Er kümmerte sich um alles, hat seine angenommenen Arbeiten erledigt und so begann unsere Reise nach Griechenland.

Freitag, 18. Oktober 2013

Ich bin in Brasilien bei meinem Sohn Jan und merke, dass ich wieder bei meinen familiären Verstrickungen angekommen bin. Vielleicht hätte ich doch den Rat meiner Therapeutin bezüglich einer erneuten Familienaufstellung annehmen sollen. Irgendwie hatte ich gehofft, die Dinge hätten sich gebessert. Wollte mich ganz der Freude an der Reise widmen und dem Wiedersehen mit meinem Sohn in einem mir unbekannten Land. Die erste Zeit mit Jan in Brasilien kostet mich meine ganze Kraft. Ich muss ganz fest bei mir bleiben um nicht in alte Muster zu verfallen. Jan trinkt viel zu viel und es ist als würde sich der gleiche Film vor mir abspielen, den ich mit Michel erlebt habe. Es ist gespenstisch und macht mich traurig. Jan war so voller Freude als er meinen Freund und mich am Flughafen abholte. Aber nun ecken wir dauernd an und ich verstehe gar nicht was hier passiert. Fühle mich einfach nur zum Heulen und traurig. Da wo Freude sein sollte, ist jetzt Nachdenklichkeit, Erstaunen und die Frage: "Warum?" Ich habe jetzt in Brasilien die Zeit mir all das anzuschauen und zu hoffen, dass ich die Kraft haben werde, gut mit den Dingen umzugehen. Ich möchte zum Besten von mir und Jan handeln. Das erfordert bei mir jeden Morgen eine ausgiebige Meditation. Ich möchte leer werden, ohne die Gespenster der Vergangenheit, mit guten Gedanken unser neues Zusammentreffen genießen, leer wie eine Tafel, die morgens vor dem Unterricht mit einem sauberen Schwamm abgeputzt wird, damit ein neuer Tag beginnen kann. Seit 10 Jahren wohnen Jan und ich nicht mehr zusammen. Er ist mit 21 Jahren ausgezogen und eigentlich wissen wir nicht mehr so viel voneinander. Keiner weiß wirklich, was der andere in der vergangenen Zeit gelebt und erfahren hat. Und dennoch ist es jetzt für mich so, als würde die Vergangenheit wie ein Gespenst im Raum stehen. Durch viele Kleinigkeiten erkenne ich, dass Dinge, die ich in den letzten Jahren ganz vergessen hatte, wieder da sind. Wenn Jan gegen 12.00 Uhr morgens am Strand ein Bier bestellt, will ich sagen:

"Aber jetzt doch noch nicht!" Oder ich ertappte mich heute früh in der Küche dabei, wie ich die Weinflasche anstarre und denke, gestern als ich schlafen ging war sie doch noch viel voller! Es kostet mich große Mühe, dem Impuls nicht nachzugeben ihn zu fragen: *"Hast Du gestern noch Wein getrunken?"* Ich durchlebe die Hölle indem ich mich gedanklich in die Erinnerungen an Michel begebe. Das Schlimme dabei ist, dass es nicht nur vom Kopf her so ist, ich fühle diese Dinge jetzt, in der Gegenwart, wieder genauso. Es fühlt sich nicht gut an. Es passt einfach nicht zu der Freude, die ich erleben wollte. Der Freude, die noch bei meiner Abreise in Freiburg in mir war. Ich will die Wiederholung dieses Films nicht mehr. Wenn es mir gelingt im Jetzt zu bleiben, der Vergangenheit nicht zu erlauben, übermächtig zu werden, dann habe ich vielleicht eine Möglichkeit die Gegenwart zu verändern.

Mit Sicherheit habe ich die Chance mich selbst zu verändern und damit auf die Menschen in meinem Umfeld heilsam einzuwirken. Vielleicht auch auf meinen Sohn, der so stark glaubt an das Schicksal seines Vaters gekettet zu sein. Ich weiß, Jan wird für sich selber handeln, ich kann ihm nur ein Vorbild sein. Kann ihm vorleben was gut ist, durch mein eigenes, verantwortliches Handeln. Achtsam sein und offen, mich immer wieder neu auf mich besinnen. Meditation ist wieder besonders wichtig für mich. Loslassen, immer wieder loslassen, ist jetzt unentbehrlich.

Diesen Begriff habe ich vor 25 Jahren zum ersten Mal gehört. Heute wirkt er fast abgegriffen. Als ich ihn damals zum ersten Mal bei Al-Anon gehört habe, konnte ich nichts damit anfangen. Ich konnte nicht verstehen was ich loslassen sollte. Wie konnte ich meine Verantwortung aus der Hand geben, meine Verantwortung für einen kleinen Sohn und seinen alkoholkranken Vater. Wenn ich mich auch um nichts mehr kümmern würde, wie sollte es dann weitergehen, dachte ich immer wieder. Beim Schreiben dieser Sätze, 25 Jahre später, spüre ich schon wieder diesen alten Schmerz. Er sitzt tief in meinem Bauch, so als würde jemand mit einem Messer darin bohren. Ich kann spüren, dass meine Reise zu meinem Sohn nach Brasilien auch eine Reise in die Vergangenheit ist. Jetzt wird es klar und ich muss diese Herausforderung annehmen. So hatte ich es nicht geplant. Nun betrachte ich es als eine Chance, "heute" gut mit dieser Aufgabe umzugehen. So fügt es sich, dass ich in Brasilien die Zeit finde meine Geschichte fortzusetzen mit den neuen Erlebnissen, die sich durch die Begegnung mit meinem Sohn ergeben.

Jan hat mit 21 Jahren Larissa geheiratet, die aus Brasilien stammt. Die beiden wollten in Freiburg leben und ich war froh, als sie eine Wohnung in meiner Nähe fanden. Ich mochte meine Schwiegertochter von Anfang an und das ist auch heute noch so nach ihrer Scheidung. Im August 2012 flogen Larissa und Jan nach Brasilien, um dort zu leben. Meine Geschichte lautet; weil sie nach 10jähriger Ehe dort Kinder haben wollten. Jan hatte in Freiburg alles aufgegeben um seiner Frau zu folgen. Larissa wollte nach 10 Jahren in Deutschland wieder in ihrer Heimat leben. Sie wollten dort neu anfangen. Ich wusste zu diesem Zeitpunkt nicht, dass die Ehe auf der Kippe stand. Freunde sagten, dass es sozusagen ein letzter Versuch war, die Ehe zu retten. Hinterher habe ich erfahren, dass Larissa oft gelitten hat wegen Jans Verhalten unter Alkoholeinfluss.

Einige Dinge waren geschehen, die sie nur schwer verzeihen konnte. Erst als sie wieder in ihrem eigenen Land war, hatte sie das Gefühl, sich davon befreien zu können. So war der geplante Neuanfang im Jahr 2012 für Jan ein Desaster. Das Schicksal stellte ihn auf eine harte Probe. Zuerst wird eine seiner aus Deutschland mitgenommen Katzen, die für beide wie Kinder waren, getötet. Dann verliebt sich seine Frau in einen anderen Mann und verlässt ihn. Im Laufe der Zeit wird ihm fast sein ganzer Besitz gestohlen und sein neu erstandenes Auto wird zu Schrott gefahren. Am Ende des ersten Jahres stirbt sein Vater. Als ich ihn in Brasilien anrufe, um ihm die Nachricht zu übermitteln, ist er scheinbar völlig unberührt. "Da war ja mit zu rechnen!", sagt er mir, sonst nichts. Ich bin erschrocken. Was ich nicht weiß ist, dass er zu diesem Zeitpunkt ständig trinkt, weil er den Schmerz der Trennung nicht aushält. Jetzt, wo ich in Brasilien bin, sehe ich, was ihm gefehlt hat in den letzten Monaten. Ich merke allerdings auch, dass ich als Co-Abhängige aufpassen muss. Ich darf nicht den gleichen Fehler machen wie bei Michel: Ich darf nicht glauben, dass ich etwas tun kann/muss, damit er sein Verhalten ändert. Ich weiß, dass das eine Falle ist!

An dieser Stelle meiner Erzählung muss ich gut überlegen wie ich den Übergang bekommen kann von Jan zu meiner Geschichte mit Michel. Ich bin zu diesem Zeitpunkt so stark in der aktuellen Situation mit Jan verstrickt, dass ich die Zusammenhänge verliere. So muss ich einfach sehen was im Hier und Jetzt geschieht. Was die Tagesereignisse mir sozusagen vorgeben, einfach im Schreibfluss bleiben, diesen nicht unterbrechen, oft zu den merkwürdigsten Tages- oder Nachtzeiten. Ich kann es nicht erzwingen, kann mir nicht einfach eine Geschichte aus den Fingern zaubern. So muss ich akzeptieren, dass in Brasilien die Dinge ihrem eigenen Rhythmus folgen.

Wenn nun Jan so intensiv den Ablauf der Geschichte bestimmt, dann wird das einen Sinn haben. Ich muss es akzeptieren und meinen Frieden damit machen. Denn schließlich ist er ein wichtiger Teil der Geschichte mit Michel. Nach einer Woche in Brasilien ist es mir gelungen, durch Meditation und genaues Betrachten meiner alten Gedankenmuster, die Schrecken der Vergangenheit in den Griff zu bekommen. Ich konnte beobachten was bei mir geschieht, wenn Jan betrunken ist. So kann ich auch die Fehler erkennen die ich damals bei Michel gemacht habe. Es macht mir Angst und ich bin fassungslos darüber, wie ich früher gehandelt habe. Ich habe es damals nicht verstanden was mein Anteil an dem Drama war, das sich bei uns zu Hause abspielte. Ich habe ständig Schuldzuweisungen ausgesprochen. Heute kann ich sozusagen von außen diese Ereignisse sehen. Ich sehe auch ihre heutige Wiederholung durch Jan und kann nur staunen. Gut zu wissen, dass es auch anders geht. Es war ein langer Weg mit Therapie und Meditations-Übungen der mich zu der heutigen Gelassenheit und Erkenntnis gebracht hat.

Bombinhas, 26. Oktober 2013
Ich fühle mich gerade in tiefem Glück, einfach über die Situation des ganz normalen Alltags. Ich sitze nach der leichten Morgenarbeit in Meditationshaltung draußen unter dem Vordach und schaue in den durch Regen verhangenen Himmel. Sehe den Nebel in der Ferne. Mein Freund kommt zu mir und gibt mir einen Kuss. Entschuldigt sich bei mir, weil er glaubte mich bei meiner Meditation gestört zu haben. Ich sage ihm, dass ich seinen Kuss sehr genieße. Er geht wieder und arbeitet weiter im Laptop. Jan liegt drinnen auf dem Sofa und sieht deutsche Bundesliga. Eine ganz normale Alltagssituation. Mich macht sie unglaublich glücklich. Weil ich früher so etwas mit Michel nur selten erleben konnte, diesen Frieden im alltäglichen Leben. Es ist Einigkeit und Freude zwischen uns. Ich bin sehr zufrieden, die Wohnung ist frisch geputzt und es ist friedlich auf eine besondere Weise, jeder geht seinen Dingen nach und fühlt sich gut aufgehoben. Wie habe ich diese Einfachheit und das darin enthaltene Wohlbefinden vermisst. Wäre nicht jahrelang Chaos in meinem Leben gewesen, würde ich

wahrscheinlich diese kleine Situation gar nicht bemerken. Aber jetzt treibt sie mir die Tränen der Dankbarkeit in die Augen. Gleichzeitig kann ich spüren, dass ich selber mich stark verändert habe. Wie schnell war früher das Gefühl da, dass ich zu kurz komme. Wenn ich Hausarbeit gemacht habe und Michel und Jan mir nicht geholfen haben, war ich sauer. Habe mich ständig überfordert gefühlt mit Kind, Studium und Geld verdienen.

Mein Glück heute ist stabil und fest, kommt von innen. Es ist durch all meine Erfahrungen gewachsen. Damals war ich so abhängig von den Stimmungen anderer und besonders den Stimmungen von Michel. Es konnte mir nicht gelingen Glück in mir selbst zu spüren. Ich war zu sehr den äußeren Einflüssen ausgeliefert, abhängig von den Launen eines Menschen, der einfach zu viel Alkohol trank. Fühlte mich für alles verantwortlich und konnte nie leicht und frei sein. Kam gar nicht auf die Idee, dass ich eine Einzelperson war, die durchaus eine eigene Wahlmöglichkeit hatte wie sie leben wollte. Fühlte mich auf Gedeih und Verderb an die Person Michel gekettet. Ich nannte es Liebe. Ein

Segen ist es für mich, heute nicht mehr von den Stimmungen anderer abhängig zu sein. Es ist mir zum Glück in Brasilien gelungen, die Verstrickungen durch die alten Muster zu erkennen, um mit Jan neu anfangen zu können.

Immer wieder ein neuer Anfang oder die Euphorie des Anfangs

Ich bin mir nicht sicher, ob es wirklich wichtig ist, die Geschichte von unser Reise nach Kalymnos aufzuschreiben. Denn es gibt ja nicht nur die Kalymnos-Geschichte. Ich kann nicht sagen, dass sie stellvertretend für alle anderen Geschichten, die das Leben in unseren gemeinsamen 20 Jahren geschrieben hat, aufgezeichnet werden soll.

So gab es die Geschichte des Caféhauses, die Geschichte unserer Galerie und die Geschichte unserer Ehe mit dem Wunsch der Eröffnung eines offenen Ateliers im Haus seiner Mutter.

Die Kalymnos-Geschichte ist eigentlich ein schlechtes Beispiel, wenn ich klarmachen möchte, wie Michel durch sein Verhalten, immer wieder aus Situationen geflüchtet ist. Denn gerade auf dieser Insel hat er sehr stark versucht verantwortlich zu handeln. Wir haben gemeinsam den Entschluss gefasst in unsere Heimat zurück zu fahren, weil wir es nicht verantworten konnten die Geburt unseres Sohnes dort zu wagen.

Bei allen Neuanfängen, war ich aktiv beteiligt und immer voller Hoffnung, das nun endlich alles gut werden würde. Immer wieder neu gemietete Wohnungen oder Läden. Jedes Mal der Versuch, endlich das Gespenst des Alkohols zu überwinden. Ich war jedes Mal voller Zuversicht.

Es war, als hätten die Geschichten ihren eigenen Rhythmus. Solange Michel im Aufbau begriffen war, war alles gut. Aber in dem Moment wo die Bauphase beendet war, hatte er keine Lust mehr auf den dann folgenden Alltag. Nur so kann ich es im Rückblick sehen. Gestern las ich in Paulo Coelho's Buch „Schutzengel" den folgenden Gedanken, der mich sehr beeindruckt hat: "Es gibt in der Welt zwei Arten von Menschen; die Ackerbauern, die die Erde und die Ernte lieben und die Jäger, die den dunklen Wald und die Eroberung lieben. Die Ackerbauern suchen den Weg der Weisheit über die Kontemplation. Der Jäger braucht zum Leben das starke Gefühl des Jagens, des Risikos, der dunklen Nacht auf der Suche nach Beute".[2]

Irgendwie erinnerte mich das Leben der Jäger

an die Ruhelosigkeit von Michel, an seine Unfähigkeit, Frieden mit den Dingen zu finden, die in seinem Leben waren, sich daran zu erfreuen, dass er ein neues Projekt vollendet hatte und es Menschen in seinem Leben gab, die ihn liebten. Was war es, was ihn immer wieder umtrieb? Aber lässt sich der Gedanke im Buch von Coelho auch auf einen Alkoholiker übertragen? Wie oft habe ich mit Michel über das Thema Sucht gesprochen. Er war der Meinung, er könne jederzeit mit dem Alkohol aufhören, wenn er das wirklich wolle.

Seine begonnenen Therapieversuche endeten meistens damit, dass ihm die Ärzte bescheinigten, er habe kein Problem. Wenn er ausgeruht, frisch rasiert und gut angezogen zur Therapie kam und in intelligenter Weise mit den Therapeuten über Kunst redete, waren sie der Meinung er sei doch kein Alkoholiker. Es war als bestünde die Meinung, ein Alkoholiker müsse unter der Brücke leben.

Der erste Schritt der AA lautet: "Wir gaben zu, dass wir dem Alkohol gegenüber machtlos sind

- und unser Leben nicht mehr meistern konnten!"[3] In meinem ersten Treffen bei Al-Anon begegnete ich einem Mann der mir sagte, er sei schon lange dabei, aber über den ersten Schritt wäre er noch nicht hinausgekommen. Er glaubte immer noch, er habe sein Leben im Griff, obwohl bereits drei Ehen, aus denen mehrere Kinder hervorgegangen sind, durch Alkohol gescheitert waren. Es hat lange gedauert bis ich wusste was mit co-abhängig gemeint war. Ich war mir so sicher, dass ich alles richtigmachte. Erst heute kann ich meine eigenen Fehler sehen, die ich damals gemacht habe. Heute könnte mir kein Mann mehr gefallen, der bei unserer ersten Begegnung stark alkoholisiert ist. Ich kann es nicht mehr aushalten, wenn Menschen betrunken sind.

Damals, bei meiner ersten Begegnung mit Michel, war das anders. Er war mir sympathisch, weil er sensibel und gefühlvoll war, und mich an meinen Vater erinnerte. Es spielte keine Rolle, dass er mir sozusagen torkelnd in die Arme fiel. Er hatte eine Trennung hinter sich von seiner Lebenspartnerin, mit der er einen kleinen Sohn hatte, das rechtfertigte in meinen Augen seinen Zustand. Er sah die Welt auf eine besondere Art und Weise. Er liebte die Natur über alles, die Märkte in Freiburg und Südfrankreich. Er kaufte riesige Sträuße Flieder oder Sonnenblumen und stellte sie ins Atelier. Alles drückte die Fülle der Natur aus. Wenn er in dieser Phase anfing zu malen, war alles gut. Es roch nach frischer Farbe und frisch gebackener Quiche in Wohnung und Atelier. Das war die Zeit des Entstehens, die ich so sehr liebte. Ich hoffte, sie würde ewig anhalten.

Später versuchte ich seine Trinkphasen einzuschätzen und fing an im Wechsel des Mondes zu denken. Ich glaubte, wenn Vollmond war, wäre es besonders schlimm mit seinem Alkoholkonsum. Aber im Nachhinein weiß ich es nicht mehr, wie es wirklich war. Ich habe kein Tagebuch darüber geführt. Ich glaube, es gab bei ihm keine feste Regel. Ich kaufte Bücher über Alkoholismus, war wie besessen von der Idee ihn heilen zu können. Familienkrankheit Alkoholismus[4] war ein ganz wichtiges Buch für mich, das mich jedoch deprimierte. Danach war ich in der Lage zu erkennen, dass es einen Zusammenhang gab zwischen meiner Familiengeschichte und der Wahl meines Partners. Das brachte mich zu diesem Zeitpunkt auch nicht weiter. Was nützte es mir all das zu wissen und trotzdem aus Liebe zu ihm in der Hölle gefangen zu sein.

Lange Zeit habe ich geglaubt, wenn ich an meinem Verhalten etwas änderte, würde er das Trinken aufgeben. Das wiederum war bei mir mit einem Schuldgefühl gekoppelt. Ich war völlig verzweifelt über die Situation in der wir uns befanden, denn natürlich spürte ich auch, dass Michel genauso unglücklich war und keinen Ausweg fand. Es war wie ein Kreislauf mit seiner Trinkerei, der in etwa wie folgt verlief; zuerst war Freude da, eventuell ein Fest in der Familie oder im Atelier oder ein gemeinsamer Spaziergang. Dann trafen wir uns mit Freunden in einem Lokal. Es gab gute Gespräche und es ging uns gut. Die Begeisterung des Augenblicks war bei Michel immer besonders stark. Wenn bei mir längst das Gefühl der Sättigung und das Bedürfnis auf Rückzug eingesetzt hatte, war er in absoluter Euphorie.

Solange unser Sohn noch nicht geboren war, hatte ich mich total auf Michel eingestellt. Zu dieser Zeit gelang es mir meistens über unsere Nähe eine Situation zu erschaffen, in der er bereit war mit mir zusammen nach Hause zu gehen. Aber selbst in den ersten Monaten unseres Kennenlernens war das nicht immer leicht. Als dann Jan geboren war, und wir gemeinsam unterwegs waren, trennten sich immer öfter unsere Wege. Ich konnte und wollte nicht mit dem Kind spät abends unterwegs sein. So begann Michel, alleine weiter zu trinken, wenn ich mit dem Kind nach Hause fuhr. Er hatte sogar das Gefühl, ich würde ihn vernachlässigen seit Jan auf der Welt war. Dann hatte er ein schlechtes Gewissen und traute sich nicht mehr nach Hause. Das hatte wiederum zur Folge, dass ihm immer mehr Aufträge verloren gingen und er allgemein als unzuverlässig galt. Auch die Konsequenzen seiner Auftraggeber empfand er als ungerecht.

Unser Neuanfang auf der Insel Kalymnos wurde unterbrochen, da wir zur Geburt unseres Sohnes nachHause fahren mussten (Darüber

werde ich an anderer Stelle noch ausführlich berichten). Jetzt hatten wir auch noch die Verantwortung für einen kleinen Sohn. Unser Wunsch mit dem Kind nach Griechenland zurückzukehren wurde nie in die Tat umgesetzt.
Im Laufe der Zeit befand ich mich in einem Zustand von Trauer, Verzweiflung und völliger Ratlosigkeit. Wenn er oft spät in der Nacht nach Hause kam, musste ich mir Luft machen und so kam es immer öfter zum Streit. Zuviel hatte sich aufgestaut bei mir. Ich wusste noch nichts davon, einen Alkoholiker nicht in einen Streit zu verwickeln. Heute weiß ich, dass ich einiges dazu beigetragen habe, wenn es zu schlimmen Auseinandersetzungen im Beisein unseres Sohnes kam. Mit meinem heutigen Wissen hätte ich das verhindern können.

Manchmal war ich vom langen Warten auf ihn völlig niedergeschlagen und depressiv. Dann hatte Michel, wenn er nach Hause kam, die Chance mich und Jan zu trösten. Das war für uns alle besser. So konnte auch ich ihn trösten und ihm zuhören. Denn bei all den schlechten

Dingen, die ihm beim Trinken geschehen waren, brauchte er dringend jemanden der ihm zuhörte. So konnten wir uns versprechen: "Alles wird von nun an gut!"

Es gab aber auch noch die Angst. Dieser Zustand war für mich am schlimmsten. Wenn er tagelang nicht nach Hause gekommen war und ich keine Ahnung hatte, wo er war, hatte ich unglaubliche Angst ihm könne etwas passiert sein. Zu diesem Zeitpunkt war ich eigentlich nicht mehr in der Lage, einem normalen Tagesablauf zu folgen. Ich war völlig verzweifelt und wäre am liebsten im Bett liegen geblieben. Heute weiß ich nicht mehr, wie ich gearbeitet, Jan in den Kindergarten oder die Schule gebracht habe. Es war schrecklich was da ablief und nicht zu enden schien. Zu diesem Zeitpunkt traute er sich nicht mehr nach Hause. Er wartete sozusagen auf einen Impuls, ein Zeichen von außen, das ihm ermöglichte wieder den Weg nach Hause zu finden.

Eine Begebenheit ist mir absolut im Gedächtnis geblieben und ich möchte stellvertretend für alle anderen darüber schreiben. Wir hatten einen Laden gemietet, in dem Michel sein Atelier hatte. In einem Raum des Ladens stellte ich Patchworkarbeiten her. Wir wollten etwas zusammen machen, daher entstand die Idee mit dem Laden. Jan war inzwischen im Kindergarten und eigentlich gab es Grund zur Freude. Wir hatten es geschafft den Laden zu bekommen und einzurichten. Irgendwann war Michel verschwunden und meldete sich nicht. Das war an sich nichts Besonderes. Aber nach einigen Tagen war ich doch ziemlich beunruhigt. Ich nähte im Laden, aber der Laden blieb zu. Die Aufträge die Michel angenommen hatte konnten nicht erledigt werden. Mir war es unangenehm den Leuten nicht sagen zu können, wann er wiederkommen würde. Ich hatte alle bekannten Kneipen abtelefoniert oder war kurz vorbeigefahren. Zu diesem Zeitpunkt wusste keiner wirklich wo er war.

Seine Mutter rief mehrmals täglich bei mir an um zu fragen, ob ich etwas gehört habe. Sie wollte mich mit Jan gerne bei sich haben. Sie sagte; "Kind, wir sitzen doch im selben Boot".

Sie litt sehr unter den Abstürzen ihres Sohnes. Aber ich wollte nicht mit ihr in das immer gleiche Prozedere verfallen. Ich wollte mit Jan allein sein. Wir lasen zu der Zeit die *Unendliche Geschichte* von Michael Ende.[5] Es machte mir Freude und brachte mich in eine andere Welt.

Ich weiß noch genau, dass ich am Ende des 6. Tages von Michels Verschwinden wie von Sinnen war vor Angst. Ich war fest davon überzeugt, dass ihm etwas zugestoßen war. Meine Schwester kam zu mir und ich überzeugte sie, dass dieses Mal bestimmt etwas Schlimmes geschehen sei. "Er ist tot!", sagte ich zu ihr. Meine Schwester konnte mich erst beruhigen, als sie mir versprach, bei der Polizei anzurufen.

Somit begannen einige schwierige und aufregende Telefonate mit langen Wartezeiten. Meine Schwester sprach mit der Polizei, mit der Feuerwehr und zum Schluss mit einer Station, wo gefundene, nicht identifizierte Leichen aufbewahrt werden. Ich war völlig hysterisch, heulte und schrie, konnte die Wartezeit kaum aushalten. Am Schluss wurde meiner Schwester im Leichenhaus gesagt: "Eine Person, auf die ihre Beschreibung passt, haben wir nicht hier." Erst dann war ich wieder in der Lage klar zu denken und die lähmende Angst war weg. Das brachte Michel jedoch auch noch nicht zurück. Meine Schwester wollte auf ihrem Heimweg nochmal bei einigen Kneipen vorbeigehen und nach ihm fragen. An diesem Abend kam der sehr vorsichtige Anruf von Michel mit der Frage: "Darf ich nach Hause kommen?" Meine absolut erleichterte Antwort war: "Bitte, komm nach Hause!"

Weitere Geschichten möchte ich nicht schreiben. Durch diese Geschichte wird klar, in was für einer ausweglosen Situation wir uns zu dieser Zeit befanden. Es spielt daher keine Rolle wie oft und wie schlimm andere Situationen waren. Wichtiger ist, dass ich einen Weg gefunden habe mein Leben zu verändern.

Mein Weg zu Al-Anon

Als Jan 6 Jahre alt war, hatte er in der Schule große Schwierigkeiten. Er war verhaltensauffällig und ich wurde zu der Sozialarbeiterin der Schule bestellt. Nun begann ein anstrengender Weg. Ich musste mir dringend Hilfe holen. Aber wo? Von einer Freundin hatte ich von Al-Anon gehört und diese Freundin brachte mich auch in die erste Stunde. Ich war nervlich so am Ende, dass ich nicht den Mut hatte, alleine dort hinzugehen. Es war ein riesiger Schritt für mich zuzugeben, dass mein Partner ein Alkoholproblem hatte. Ich weiß heute nicht mehr, was ich mir alles in meinem Kopf ausgemalt habe. Ich glaubte, ich gäbe mein Leben aus der Hand und ich verriet meine Familie. Michels erste Reaktion war: "Gut, dass Du dahingehst, dann weißt Du wenigstens wie Du mit mir umgehen musst".

Durch Al-Anon lernte ich, dass das Trinken meines Partners nicht in meinen Verantwortungsbereich fällt. Einen der ersten Sätze, die ich dort hörte, habe ich mir bis heute gemerkt: "Wissen zu wollen, warum der Alkoholiker trinkt ist wie ein Juckreiz gegen den es kein Kratzen gibt!" Diesen Satz habe ich mir gemerkt. Viele Stunden hatte ich zuvor damit zugebracht in meinem Kopf hin und her zu wälzen, was ich hätte anders machen müssen, damit er diesmal nicht wieder in die Kneipe geht. Ich war ganz krank von den ständigen Überlegungen, warum, weshalb und wodurch es denn wieder dazu kam, dass er trank. Was hätte **ich** anders machen können, machen müssen? Und so weiter, und so weiter, und so weiter. Das ewige Leid, an das ich gekettet war. Mit meinem ersten Besuch bei Al-Anon kam Bewegung in mein Leben und ich begann langsam, die Dinge zu sehen und zu verstehen. Ich fing an mein eigenes Leben zu ändern. Ich hörte vor allen Dingen auf, Michel ständig zu fragen "Warum diesmal wieder?" Oder ihn zwingen zu wollen, mir Rede und Antwort zu stehen. Außerdem konzentrierte ich mich auf meine eigene Verantwortung in diesem Familiendrama. So konnte ich mein eigenes Fehlverhalten erkennen.

Zu dieser Zeit hatte ich meinen ersten Nervenzusammenbruch. Das Wort Nervenzusammenbruch hört sich sehr stark an. Ich würde es am liebsten wieder herunterspielen. Denn ich selbst wollte immer noch nicht einsehen, dass ich körperlich stark angeschlagen war. Ich hatte mich übernommen damit, nach außen alles in Ordnung zu halten. Ich hatte einen Studienplatz, eine Arbeitsstelle, war aktiv im Elternrat, erst vom Kindergarten und später in der Schule. Ich versuchte alles zu regeln. Ich erinnere mich, dass ich nach einem langen Arbeitstag abends in einer Sitzung des Elternrates saß. Plötzlich wurde mir schwindelig, als ich zur Toilette ging versagten meine Beine. Ich schaffte es bis ans Waschbecken und ließ kaltes Wasser über meine Arme und mein Gesicht laufen. Mühsam ging ich zur Sitzung zurück, sagte keinem ein Wort. Ich weiß heute nicht, wie ich mit meinem Auto nach Hause gekommen bin. Jedenfalls bin ich am anderen Tag zu meinem Arzt gegangen. Ich erzählte ihm von dem Vorfall und wollte ein Medikament. Diesem Arzt bin ich heute noch dankbar. Er nahm den Vorfall wirklich ernst und wollte mir nicht einfach ein Medikament geben.

Ich hatte Angst meine Arbeit zu verlieren. Aber ich hörte auf den Arzt, war mit seinem Vorschlag einverstanden, eine Kur zu beantragen. Ich selbst rechnete gar nicht damit, dass mir eine Kur genehmigt würde. Aber dann war ich froh und dankbar, als die Nachricht kam, dass ich 4 Wochen in Kur fahren konnte. Eine Freundin war sofort bereit, sich um Jan zu kümmern. Unsere Söhne hatten sich im Kindergarten angefreundet, so zählte mein Vorwand nicht, wegen Jan nicht weg zu können. Alles sollte so sein und ich stelle fest, dass das der Beginn meiner eigenen seelischen und körperlichen Gesundung war.

Ich fuhr mit Al-Anon Literatur, mit dem Gedicht "Heute" und mit all den positiven neuen Gedanken in diese Kur. Das wichtigste, das ich in dieser Kur kennenlernte war "Meditation". Ich hatte früher schon davon gehört, dass Meditation für manche Menschen sehr hilfreich sein kann. Ich selber hatte es aber noch nicht ausprobiert. Mit 25 Jahren hatte ich einige Zeit mit einer Freundin Yoga praktiziert, aber eher unter einem sportlichen Aspekt. Mit Meditation konnte ich zu dieser Zeit noch nichts anfangen. Nun wollte ich mich unbedingt darauf einlassen. Ich weiß es noch wie heute; ich sah den Zettel am schwarzen Brett der Klinik: "Meditation im Kurhaus, jeden Mittwochabend." Ich versuchte einige meiner neuen Bekannten zu einem Mitgehen zu veranlassen, aber keine der Frauen hatte Interesse, mich zu begleiten. So ging ich an dem ersten Mittwoch allein zur Meditation ins Kurhaus. Dieser Schritt hat mein Leben nachhaltig verändert. Dachte ich, Meditation sei etwas für Gurus oder Buddhisten, so erfuhr ich an diesem Abend etwas ganz Anderes. Die Frau, die diese Meditation leitete, war einfach großartig. Sie brachte Lockerheit und Freude in den Abend. Ich lernte sehr viel von ihr. So erfuhr ich auch, dass Meditation nicht nur mit strengem Sitzen zu tun hat, sondern eigentlich kann alles Meditation sein. Es ginge lediglich darum, unsere ganze Aufmerksamkeit in unsere Tätigkeit zu geben. So wurde auch unser anschließender Kreistanz, mit dem wir die

Abende ausklingen ließen, zur freudvollen Meditation. Mit meinem Sohn hatte ich jeden Tag telefoniert und mir erschien es, als würde er mich nicht ernsthaft vermissen. Er hatte den Alltag mit meiner Freundin und seinem Freund sehr genossen. Samstag früh schauten wir zusammen Sesamstraße, er in Freiburg und ich in Gandersheim. Wir erzählten uns dabei von unseren verschiedenen Orten aus, was wir sahen und was uns gefiel. Es war fast so, als säßen wir zu Hause gemeinsam vor dem Fernseher.

Als ich nach Freiburg zurückkam, machte ich mich sofort auf die Suche nach einem Meditationskurs. Das war zu dieser Zeit gar nicht so einfach, denn es gab nicht so viele Angebote. Jedenfalls hatte ich damals noch keine Ahnung von den Möglichkeiten, die es in meiner Umgebung gab. So schaute ich in den aktuellen Katalog der Volkshochschule. Aber auch dort wurde kein Meditationskurs angeboten. Was ich fand war ein Taichi Kurs mit der Überschrift, "Meditation in Bewegung". Das reichte mir für den Anfang. Dieser Kurs war sehr wichtig für mich. Es ging irgendwie weiter und ich lernte neue

Menschen kennen. Außerdem lernte ich endlich mich zu entspannen. Dadurch verbesserte sich das Klima bei uns zu Hause sehr. Zusätzlich lernte ich, mich aus Michels Leben herauszuhalten und für seine Versäumnisse keine Verantwortung mehr zu übernehmen. Ich merkte auch, dass es mir inzwischen nicht mehr peinlich war einzugestehen, dass mein Partner ein Alkoholproblem hat. Ich konnte klar unterscheiden zwischen meiner eigenen Verantwortung und seiner.

Jan war durch den Alkoholismus seines Vaters sehr im Mitleidenschaft gezogen. Zu Hause war er ein aufgeweckter, lustiger Junge, aber in der Schule fiel er ständig durch unangemessenes Verhalten auf. Immer mehr bestätigte sich mein Eindruck, dass Michel in Jan eine Konkurrenz sah. Es war auffällig, wie böse er oft mit ihm war, ihm unterstellte, er mache Dinge um uns zu stören oder gar auseinander zu bringen, und das schon zu einer Zeit als Jan noch im Kindergarten war. Ich fragte mich immer häufiger; wer ist eigentlich das Kind? Das war für Jan nicht einfach, besonders deshalb, weil die Situation im Elternhaus schwirig war durch häusliche Auseinandersetzungen unter Alkoholeinwirkung. Auch mein damaliges Unvermögen, deeskalierend mit dem Alkoholiker umzugehen, spielte eine große Rolle bei den häuslichen Schwierigkeiten. Hatte ich mich früher total auf Michel eingestellt, so richtete ich jetzt viel Aufmerksamkeit auf das Wohlergehen meines Sohnes.

Schwierig wurde es, als Jan nach einer Klassenkonferenz und der Androhung einer weiteren mit einem Schulverweis rechnen musste. Durch sein auffälliges Verhalten in der Klasse hatte er den Unmut der Lehrer und teilweise auch der Mitschüler auf sich gezogen. Mir wurde dringend geraten, einen Termin bei der Sozialarbeiterin der Schule auszumachen. Für mich waren diese Dinge sehr schmerzhaft und unangenehm. Sie kosteten mich viele schlaflose Nächte. Die Sozialarbeiterin riet mir, einen Termin bei der Familienberatung der Stadt zu machen. Zuerst hatte ich ein Gespräch alleine dort und ich habe viel weinen müssen. Die Therapeutin bat mich, mit Jan zu einem Termin zu kommen. Im Verlauf dieser Sitzung machte sie mit Jan allein einige Test und Übungen. Eine Woche später sollte ich ohne Jan wiederkommen. Mir wurde gesagt, dass Jan keinerlei Probleme hätte und es ein anderes Problem zu Hause geben müsse. Ich weinte und sprach über das Alkoholproblem von Michel. Nun bat sie mich ihm auszurichten, dass er zu einem Termin kommen solle. Zu Hause erzählte ich es meiner Schwiegermutter und Michel; wir waren zu dieser Zeit noch nicht verheiratet. Beide waren sehr böse auf mich und fragten, wie ich überhaupt auf die Idee gekommen sei, zum Jugendamt zu gehen. Beim nächsten Termin bat mich die Therapeutin, ihr die Genehmigung zu erteilen, an Michel eine Einladung zu einem Gesprächstermin zu schicken. Ich war damit einverstanden. Danach musste ich die Erfahrung machen, dass er absolut nicht bereit war zu einem solchen Gespräch. Das bedeutete gleichzeitig das Aus für meine weiteren Gespräche mit der Therapeutin. Ich war über diese Entscheidung sehr traurig, denn ich hatte erfahren, wie gut mir die Gespräche dort taten. Für mich war es sehr wohltuend gewesen, einfach einmal über all diese Dinge reden zu können. All das, was in den letzten Jahren durch Alkohol bei uns zu Hause geschehen war, beweinen zu können aus vollem Herzen. Mein Herz kam mir in der Zeit seltsam versteinert vor. Ich hatte es vor all dem Schmerz verschlossen.

Nun erfolgte eine längere Trennung von Michel. Ich konnte nicht verstehen, dass er aufgrund der Schwierigkeiten, die Jan in der Schule hatte, nicht in der Lage war wirklich ärztliche Hilfe in Anspruch zu nehmen. Diese Trennung hatte ich mit meinem Kopf und nicht mit meinem Herzen beschlossen. Ich wollte, dass endlich Ruhe eintreten konnte für Jan und für mich. Wir waren dann drei Monate getrennt. In der Zeit fühlte ich, dass ich ohne Michel nicht wirklich glücklich sein konnte. Außerdem vermisste Jan seinen Vater sehr. Am Ende dieser Trennung beschlossen wir zu heiraten und nun alles richtig zu machen. Jan war inzwischen 10 Jahre alt. Michel wollte endlich eine Therapie beginnen. Im Hause seiner Mutter wurde eine Wohnung frei und sie konnte nicht mehr so gut alleine leben.

So entschlossen wir uns, zu ihr ins Haus zu ziehen. Schweren Herzens, und all meine Bedenken an Seite schiebend, gab ich meine eigene Wohnung auf. Ich wollte einfach an den guten Wandel in unserer Beziehung glauben. Gleichzeitig hatten wir den Plan, im Haus ein offenes Atelier einzurichten. In der ersten Zeit ging alles gut, wie immer, wenn Michel mit dem Bauen beschäftigt war. Leider stellte sich schnell heraus, dass es Michel mit seiner Mutter unter einem Dach nicht aushielt. Sie war keine einfache Person. Insofern hatte ich es besser, ich war tagsüber außer Haus um zu arbeiten. Michel hatte sich vorgenommen, zu Hause im Atelier zu arbeiten und war den ganzen Tag mit ihr zusammen. Sie ließ ihm einfach keine Ruhe. So begann er in die benachbarte Kneipe zu flüchten. Das konnte auf Dauer nicht gut gehen. Im Nachhinein war es ein Fehler, in das Haus seiner Mutter zu ziehen. Nach 6 Jahren Ehe stand fest, dass sich absolut nichts ändern würde. Den Therapiegedanken hatte Michel längst aufgegeben. Er trank mit oder ohne Grund, und unsere Situation hatte sich durch das gemeinsame Leben mit seiner Mutter extrem verschlechtert. Es gab keinen Frieden und keine Ruhe in diesem Haus. Ich hatte eine neue Arbeit angenommen, die mir viel Verantwortung abverlangte und viel Arbeitszeit. Diese Arbeit machte mir wirklich Freude und brachte mir meine völlige wirtschaftliche Unabhängigkeit.

Als klar wurde, dass ich in meiner freien Zeit Ruhe brauchte, die ich niemals in diesem Haus finden würde, habe ich mich entschlossen wieder ein eigenes Leben zu führen. Diesen Schritt habe ich nie bereut. Er war absolut notwendig für mein weiteres Leben und auch für Jans Leben. Obwohl ich in meinem Herzen spürte, dass ich noch immer mit Michel verbunden war. Manchmal glaube ich, dass sich unsere Beziehung gerade durch das "Auf und Ab" so lange lebendig hielt. Es konnte gar keine Langeweile auftreten, weil wir mit so viel Aufregung zu tun hatten. Sich verlieren, sich wiederfinden, immer das ganz große Drama. Das alles lief fast über 20 Jahre. Heute gebe ich ihm keine Schuld mehr. Michel war wie er war, ich habe ihn genauso kennen gelernt. Er hat mir nichts vorgemacht, hat sich nicht verstellt. Ich konnte nicht unterscheiden zwischen "Alkoholismus" und der allgemein verbreiteten Art in einer Gesellschaft zu leben, wo Alkohol zur Geselligkeit und zum Alltag gehört.

Fuerteventura, Januar 2014
Rückblick Südamerika 8. November 2013
Wiederholt sich das Schicksal?

In Santiago de Chile schrieb ich folgende Zeilen, die mich immer noch stark berühren;
Am Morgen dieses Tages erlebe ich die Ereignisse als Alptraum aus dem ich unbedingt erwachen möchte. Nachdem ich schon die zweite Nacht schlecht schlafen konnte, weil Jan in der Nacht unterwegs war, gehe ich unausgeschlafen und traurig in den Tag. Ich komme mir vor, als erlebe ich eine Wiederholung der Ereignisse mit Michel. Kann ich mitansehen, dass sich mein Sohn mit Alkohol zerstört? Ich gewinne den Eindruck, als würde sich der zweite Mensch in meinem Leben vor meinen Augen vernichten. Ich hadere mit meinem Schicksal. Die Gedanken drehen sich im Kreis. Kann ich etwas dagegen tun? Geht es mir immer wieder durch den Kopf. Wird er sich ändern, oder hat er das gleiche Schicksal wie sein Vater. Heute Morgen war es sehr schlimm; wir mussten das Hotel verlassen und Jan lag völlig betrunken in seinem Bett. Hatte in seinem Zimmer geraucht

und sein Geld war verschwunden. Der Hotelier war ziemlich sauer. Mein Freund machte mir klar, dass er die Tour mit ihm beenden würde. Unsere so freudvoll begonnene gemeinsame Reise drohte auseinanderzubrechen. Kurt wollte Jan mit etwas Geld im Zimmer liegen lassen und mit mir alleine weiterfahren. Ich konnte das nicht tun, wusste genau, dass ich keine schöne Zeit mehr haben würde, wenn ich ihn so zurücklasse. Ich traf eine andere Entscheidung.

Bei einem langen Spaziergang überzeugte ich Kurt davon, dass es besser ist, Jan mitzunehmen. Eine Stunde später war es uns gelungen, ihn einigermaßen in die Reihe zu bekommen, ihm seine Sachen zu packen und ihn zu bewegen, mit uns zum gebuchten Reisebus nach Valparaiso zu gehen. Dort schlief er dann weiter.

Im Nachhinein war es in dieser Situation das Beste zusammen zu bleiben. Das Leben wird mir zeigen, was auf Dauer zu tun ist, denn nun bin ich erneut gefordert. Es ist sozusagen der

Kurs für Fortgeschrittene in Dingen Alkoholismus, wenn es jetzt um meinen Sohn geht. Ich habe viel gelernt im Laufe der Zeit und ich weiß, dass ich mich raushalten muss. Und das werde ich tun, zum Besten für meinen Sohn Jan.

Auf unserer gemeinsamen Reise durch Südamerika konnten Jan und ich uns neu kennen lernen. Vor 10 Jahren ist er aus unserer gemeinsamen Wohnung ausgezogen und wir haben kein gemeinsames Leben mehr geführt. Nach 9jähriger Ehe ist er mit seiner Frau nach Brasilien gegangen um dort mit ihr zu leben. Leider trennten sie sich dann nach nur einem Jahr. Für Jan war diese Trennung sehr schmerzhaft.

Nach Michels Tod bin ich mit meinem Freund nach Brasilien geflogen, um endlich das Land kennen zu lernen, von dem ich in den letzten 9 Jahren so viel gehört hatte. Wir wollten auch die Familie meiner Schwiegertochter besuchen, die zwischenzeitlich bei uns in Freiburg war. Inzwischen hatte sich allerdings viel verändert. Larissa war bei unserer Ankunft nicht mehr da, sie war mit ihrem neuen Freund auf einer Rundreise durch Südamerika. Jan hatte seine Absicht, alleine in Brasilien zu bleiben, aufgegeben. Es war zu viel Negatives für ihn geschehen. Am Ende unserer gemeinsamen Rundreise mit Jan stand fest, dass er mit uns zusammen nach Freiburg zurückkehren wollte. Ich war froh, ihn wieder in meiner Nähe zu wissen. Brasilien ist weit weg, wenn man gerne Kontakt mit seinem Sohn haben möchte. Ich musste jedoch nach kurzer Zeit erfahren, dass das Leben in einer gemeinsamen Wohnung mit Jan sehr anstrengend war. So entschloss ich mich, meinem Sohn die Wohnung zu überlassen und mit meinem Freund zusammen zu ziehen.

Fuerteventura, 8. Januar 2016
Viel ist geschehen und meine Geschichte lag sozusagen auf Eis. Ich habe 1 ½ Jahre nicht mehr daran geschrieben. Das Leben hatte seinen eigenen Plan, dem ich gefolgt bin. Es gab einen weiteren, längeren Aufenthalt in Brasilien. In dieser Zeit konnte ich im Centrum einer Schamanin in die Tiefe meines Herzens gehen. Was erwarte ich noch von meinem Leben, das war die zentrale Frage in dieser Zeit. Insgesamt war ich 3 Monate unterwegs, 2 Monate in Bahia und 1 Monat auf Fuerteventura. Nach meiner Rückkehr im Frühjahr 2015 machte mir mein Freund einen Heiratsantrag.

Ich bin sehr glücklich über diese neue Liebe. Nach meiner eigenen inneren Gesundung, konnte ich keine belastende Beziehung mehr aufnehmen. Ich erkannte, dass ich wirklich bereit war noch einmal eine tiefe, verantwortliche Bindung einzugehen.

So waren für mich alle Bedingungen in meiner Umgebung gegeben um glücklich zu sein. Ich brauchte mich nicht in Brasilien für Projekte einzusetzen. Das konnte ich auch in meiner eigenen Stadt tun. Es gab viel zu tun im neuen Garten und bei unserer gemeinsamen Arbeit für ein Naturschutzprojekt bei uns am See. So war das Jahr 2015 ein spannendes, intensives Jahr. Am Ende des Jahres musste ich feststellen, dass mein Herzenswunsch, das Buch zu Ende zu schreiben, auf der Strecke geblieben war. So konnte ich in mir eine Unzufriedenheit spüren. Ich hatte mich von meinem Partner mitreißen lassen und dabei meinen Wunsch aus den Augen verloren. Ich bin froh, dass ich es rechtzeitig erkannt habe. Außerdem bin ich froh, dass ich ihn nicht dafür verantwortlich mache, wenn ich nicht dazu komme meine Geschichte zu schreiben. Das war leider früher anders bei mir und ich freue mich, dass ich es jetzt erkenne.

So entschied ich mich im Januar 2016 für einen Monat nach Fuerteventura zu fahren, um zu schreiben. Es ist so ein großes Glück für mich, einen Partner an meiner Seite zu haben, mit dem das möglich ist. Sich gegenseitig zu unterstützen und trotzdem seinen ganz eigenen, persönlichen Weg zu gehen. Ich brauchte diesen

Rückzug, um meinen Wunsch zu verwirklichen. Eine enge Freundin, mit der ich schon seit einigen Jahren verreise, konnte mich auch in diesem Jahr begleiten. Mit ihr habe ich ein ganz besonderes Morgenritual. Wir stehen vor dem Sonnenaufgang auf und setzen uns mit einer Tasse Tee in eine Decke gehüllt auf die Terrasse mit Meerblick. Wir warten bis die Sonne langsam aus dem Meer auftaucht. Das ist seit drei Wochen immer um 7.45 Uhr der Fall. Wir sprechen nur wenig bis die Sonne aufgegangen ist. Dann meditieren wir zusammen und machen danach unsere Übungen, wie Achtsamkeitsyoga oder Taichi. Erst danach wird gefrühstückt. So gleiten wir sozusagen in den Tag. Das ist ein wunderbarer Rhythmus für mich. Danach gehe ich an mein Laptop und übertrage meine handgeschriebenen Notizen.

So bin ich froh hier zu sein. Alles fließt und ich werde schon morgens um 5.00 Uhr wach und muss schreiben, einfach mit der Hand in ein Schreibheft.

Fuerteventura, 8. Januar 2016, *die Kalymnos-Geschichte entwickelt sich.*

Gestern war ein sehr guter Tag, schon früh morgens konnte ich wichtige Aufzeichnungen machen für den Fortlauf meiner Geschichte. Ich liebe es mit der Hand zu schreiben. Seit meiner Kindheit habe ich Tagebuch geführt. Habe schon früh den heilenden Aspekt des Schreibens für mich entdeckt. Ich erinnere mich an die Zeit unserer Reise zur Insel Kalymnos, als die Situation mit Michel manchmal sehr schwierig war. Oft habe ich dort alleine in einem Café gesessen und drauf los geschrieben. Habe mir alles von der Seele schreiben wollen. Zu der Zeit war ich viel alleine und fühlte mich einsam. Da ich außer Michel keinen Ansprechpartner hatte, habe ich alles niedergeschrieben. Einmal saß ich in einem Café und habe 2 Stunden geschrieben, erst dann ging es mir besser.

Ich hatte angefangen griechisch zu lernen mit einem Buch und freute mich über jedes neue Wort. Für eine wirkliche Unterhaltung mit den Einheimischen reichten diese spärlichen Sprachkenntnisse nicht aus. Wenn ich dann mit meinem kleinen Sprachschatz beim Lebensmittelhändler im Dorf einkaufen ging, war ich enttäuscht, wenn er mich auf Deutsch ansprach. So wurde das Schreiben zu meinem Vertrauten. Wenn Michel mit den Männern des Dorfes schon morgens beim Ouzo saß oder mit dem mitgereisten Bau Team, zog ich mich zurück und schrieb. Telefonieren mit der Heimat war sehr teuer. Handys gab es noch nicht. Alleine der Weg zu einem Telefon im Ort war von unserem kleinen Haus am Meer recht beschwerlich. Wenn ich genug Geld zum Telefonieren hatte, verklickten die ersten Münzen im Apparat ohne, dass ich ein einziges Wort hätte sagen können. Wenn ich die Stimme meiner Mutter oder meiner Schwester am anderen Ende der Leitung hörte heulte ich los. Weinen vor Glück, dass es sie noch gab. Ich hatte Heimweh! So verliefen die ersten Sekunden unter Tränen und ich konnte kaum sprechen.

Die Zeit auf der Insel war sehr wichtig für mein weiteres Leben. Es war eine echte Herausforderung. Alles war neu. Die erste Zeit haben wir im VW-Bus am Meer übernachtet. Wunderbar die Türe des VW-Busses aufzuschieben und den

Sonnenaufgang vom Bett aus zu betrachten. Michel hatte den roten Bus schön und praktisch ausgebaut. Er war ein Meister des Packens. Wir hatten viel untergebracht in dem Bus. Sein Malmaterial war gut verstaut, Farben, Stifte, Papier und Staffelei, alles hatte seinen festen Platz. Dazu kamen die Küchenutensilien, unsere persönlichen Dinge und die Kleidung. Wir konnten jedenfalls die ersten Wochen gut im Bus leben, das war kein Problem. Morgens machten wir Kaffee auf dem Gaskocher und genossen Sonne und Meer.

Ich war sehr glücklich zu dieser Zeit. Ich hatte lange, intensiv gearbeitet und kannte meinen eigenen Rhythmus kaum, weil ich meistens fremdbestimmt war durch die Arbeit. Nun fühlte ich mich wunderbar. So unbeschwert war ich noch nie in meinem Leben. Ich hatte den Mann an meiner Seite den ich liebte und der bereit war, hier für mich zu sorgen.
Es begann eine gute, aber auch nicht einfache Zeit.

In den ersten Monaten fiel uns alles wie von selbst zu. Wir bekamen ein Haus am Meer zu einem erschwinglichen Preis. Es war ein einfaches, kleines weißes Bauernhaus mit offener Feuerstelle, direkt neben der kleinen Dorfkirche des Ortes. Zum Haus gehörte ein großes Grundstück mit Obstbäumen. Wenn ich die frisch gewaschene Bettwäsche im Garten auf die Leine hing, war sie innerhalb einer Stunde trocken vom Wind und der Sonne. Michel bekam die ersten Aufträge und machte Porträts für Touristen und Einheimische. Wir waren in dieser Zeit sehr eng miteinander verbunden und es ging uns gut. Da es immer wieder Geldprobleme gab und ich auch etwas zum Lebensunterhalt beisteuern wollte, nahm ich einen Job in der Diskothek des Ortes an. Es machte viel Spaß. Michel und alle anderen Bekannten trafen sich am liebsten in der Disco wo ich arbeitete. Irgendwann hatten dann auch die deutschen Touristen dieses Lokal zum Lieblingslokal erklärt. Ich glaube, die Besitzerin, eine geschäftstüchtige Griechin, hatte das so eingeplant. Bisher hatten die Polizisten aus dem Ort ein Auge zugedrückt und nicht nach meiner Arbeitserlaubnis gefragt, und dann gab es eines Tages eine Anzeige aus der Hauptstadt. Dieser Anzeige musste die Polizei nachgehen und mir wurde die Arbeit verboten. Hatte ich auch nicht viel verdient, so reichte es doch für unseren täglichen Bedarf. Nun war Michel wieder verstärkt gefordert für unseren Unterhalt zu sorgen.

Im Februar 1982 überzog der Frühling mit einer unglaublichen Blütenpacht von heute auf morgen die Insel. Alle Wiesen waren grün und mit rotem Klatschmohn übersät. Außerdem gab es unzählige andere kleine Frühlingsblumen. Am besten gefielen mir die Margeriten, die so ganz wunderbar zu dem Klatschmohn aussahen.

Nach einem ½ Jahr gab es ein Problem mit meiner Mitbewohnerin aus meiner Wohngemeinschaft. Sie wollte nach Berlin umziehen. Ich sollte zurückkommen um mich um die Wohnungsangelegenheit zu kümmern. So fuhr ich mit Freunden, die uns mit dem Auto besucht hatten, zurück nach Deutschland. Dort erfuhr ich bei einer Routineuntersuchung von meinem

Frauenarzt, dass ich schwanger war. Ich war bereits im 4. Monat, aber man konnte noch nichts von dieser Schwangerschaft sehen. Ich hatte bisher noch nichts davon bemerkt. Nachdem ich eine Nachmieterin für die Wohnung gefunden hatte, fuhr ich nach Griechenland zurück. Nach anfänglichen Bedenken, freute sich Michel nun sehr über meine Schwangerschaft und sagte "ja" zum neuen Kind. Wir verbrachten eine gute Zeit. Er nahm jeden Auftrag an und es gab schöne Erlebnisse bei diesen Aufträgen.

Er hatte tagelang Skizzen von einer antiken Ruine auf einer kleinen, unbewohnten Nachbarinsel gemacht, hatte akribisch alles aufgezeichnet mit Kohlestiften auf Blättern, die später im Atelier an einander geheftet werden mussten. Diese Gesamtskizze war dann ca. 3m x 2m. Da die Insel unbewohnt war wurden wir mehrere Tage hintereinander mit einem Fischerboot dorthin gebracht. Aus Anlass dieses Auftrages, hatten wir oben im Ort ein Atelier gemietet. In unserem kleinen Häuschen am Meer hatte Michel keine Möglichkeit, das große Bild zu malen. Von Anfang an war das ganze Dorf an dem Bild beteiligt. Der Schreiner hatte das Holzgestell für die Leinwand gefertigt. Wir hatten in der Hauptstadt weißen Stoff am Meter gekauft, der dann auf den Rahmen gespannt werden musste. Ich half Michel bei der Grundierung seiner Leinwände, es machte mir Freude. Der Preis für dieses große Bild war mit dem Auftraggeber ausgehandelt. Das Geld aus der Arbeit sollte uns unsere Heimreise sichern. Als dann endlich das Bild fertig war, gab es einen Festzug durch das Dorf. Dieses Ereignis wollten sich die Dorfbewohner nicht entgehen lassen. Unser Atelier befand sich am Ende des Dorfes bei der alten Mühle. Das Café des Auftraggebers lag am Anfang des Dorfes an einer zentralen Stelle. Es waren ca. 2 km zurückzulegen mit dem fertigen Bild, das in kein normales Auto passte. So gingen wir in einer Art Zug durch den ganzen Ort. Vorne weg drei Männer die das Bild trugen, dahinter die Leute aus dem Dorf, die sich freuten, dass mal was Außergewöhnliches passierte. Der Besitzer war mächtig stolz und gab natürlich einen aus als wir mit dem Bild in seinem Café ankamen.

Am Anfang meiner Schwangerschaft war die

Idee, das Kind in Griechenland zu bekommen. Wir überlegten einfach dort zu bleiben. In unserem kleinen Haus gab es keinen Strom, kein fließendes Wasser und keine Toilette. Zu dieser Zeit gab es unten, in den kleinen Häuschen am Meer, noch kein Telefon. Dann musste ich erleben, dass eine junge, einheimische Mutter bei der Geburt ihres zweiten Kindes starb. Die Hebamme konnte ihr nicht helfen. Nun war der Vater mit der 5jährigen Tochter alleine. Ich war bei dem Trauerzug, der durch das Dorf zog. Die laut klagenden und schreienden Frauen, die den Zug begleiteten, werde ich nie vergessen. Später erzählte mir eine Frau, dass eine Touristin bei einer Fehlgeburt im Krankenhaus der Hauptstadt verblutet sei. Ich hatte kein Vertrauen mehr in das Gesundheitswesen der Insel. So traten wir im Oktober 1982 die Heimreise nach Deutschland an. Jan wurde am 22. November 1982 per Kaiserschnitt geboren. Er hatte 9 Monate mit den Füßen nach unten gelegen.

Heute früh ist die Entscheidung gefallen, diese Geschichte zu teilen, weil sie so intensiv und wichtig war für den weiteren Verlauf meines Lebens, das sich nach der Geburt von Jan erheblich änderte.

Und immer wieder Neuanfänge

Nach Jans Geburt im November 1982 gab es einen Neuanfang in einem kleinen Ort in der Nähe von Freiburg. Dort plante und baute Michel ein Café. Auch während dieser Zeit des Entstehens waren wir sehr zufrieden. Es war schön zusammen zu sein mit dem kleinen Sohn. Die Wohnsituation mit Monika, Paul und ihren zwei Kindern war gut. Michel und Paul kannten sich von der Kunstschule, Paul war Bildhauer.

Diesem Neuanfang sollten in den nächsten Jahren mehrere folgen. Die, wie ich bereits erwähnte, einem bestimmten Rhythmus folgten. Zuerst beim Erschaffen einer neuen Lebenssituation ging alles ganz gut. Am Ende der Schaffensphase kam schon bald bei Michel Langeweile auf und die Zerstörung seiner erst vor kurzem selbst geschaffenen Situation. Ich dachte an den indischen Gott Shiva, der zerstört damit Neues entstehen kann. Mir ging das eindeutig zu schnell. Als endlich unser Café eröffnet war und das normale Leben mit seinem Arbeitsprozess anfing, hatte Michel das Interesse verloren.

Immer öfter fuhr er nach Freiburg, um zu trinken und kam tagelang nicht zurück. Bei einer dieser Fahrten verlor er seinen Führerschein.
Nach knapp zwei Jahren gingen wir zurück nach Freiburg und weitere Neuanfänge folgten. Beim heutigen Schreiben wird mir ganz schwindelig, wenn ich mir all diese Neuanfänge anschaue und die Geschwindigkeit, in der sie sich vollzogen. Mir erschien alles wie eine Flucht vor dem Alltag, dem ganz alltäglichen Leben. Ich wünschte mir endlich ein stabiles Zuhause für mich und meinen Sohn. Wollte nicht immer wieder durch seinen Alkoholismus und seine Unstetigkeit weggerissen werden aus meiner Umgebung, an die ich mich gerade gewöhnt hatte. Der letzte gemeinsame Neuanfang mit Michel war unser Einzug in das Haus seiner Mutter.
Wenn ich mich richtig erinnere blieb ich dort 4 Jahre.

Hier beißt sich die Katze in den Schwanz

Michel konnte nicht malen, weil seine Mutter meistens um ihn herum war, oder er benutzte es als Vorwand um fast täglich in die Nachbarkneipe zu gehen.
Ich war zu dieser Zeit beruflich sehr eingespannt. Es war mir sehr wichtig finanziell unabhängig sein. So hatte ich alles durch Daueraufträge geregelt, um mich an den monatlichen Kosten im Haus zu beteiligen. Seine Mutter gab ihm häufig Geld, als ich sie aufforderte das nicht zu tun, sagte sie: "Ich lasse meinen Sohn nicht fallen."
Es kam zu Missverständnissen mit der Familie des Bruders, da der Eindruck entstand wir würden auf Kosten meiner Schwiegermutter dort leben. Das bereitete mir viel Kummer, da ich mein Bestes getan hatte um die Dinge gut zu regeln.

Ich konnte es nicht ändern, wenn sie einen Teil des Geldes an ihn zurückgab. Das war nicht in meinem Sinne.

Michel liebte Frankreich und wollte dort gerne leben und malen. Er hatte jedoch schon einige Versuche gemacht, sich in Frankreich etwas aufzubauen. Diese Versuche waren im Endergebnis gescheitert. Sein letzter Versuch war im Frühling 1998. Unser Wohnwagen stand in der Nähe von Tarascon. Sechs Wochen hatte er dort auf dem Campingplatz zugebracht und kein einziges Bild gemalt. Die Besitzerin hatte ihm eine Scheune zur Verfügung gestellt, damit er mehr Platz hatte. Er hatte stattdessen in Arles in der Kneipe sein Geld ausgegeben. Michel meinte, er könne ohne mich und Jan nicht arbeiten, er braucht seine Familie. Das war ein Widerspruch an sich, denn in Freiburg war er vor 6 Wochen regelrecht geflüchtet, weil er glaubte, in Frankreich besser arbeiten zu können.

Schwierige Wohnsituation

Das Leben mit meiner Schwiegermutter war auch für mich nicht einfach, da sie mich ständig kontrollierte. Besonders während der Zeit von Michels Abwesenheit. Sie wollte sich mit mir verbünden, da sie mich brauchte, um über ihre Enttäuschung mit mir zu sprechen. Sie war enttäuscht, wenn Michel ihr nicht zur Verfügung stand, sei es, weil er trank oder weil er verreist war. Auf der anderen Seite steckte sie ihm immer wieder Geld zu, um sich mit ihm zu verbünden. Mit diesem Geld ging er dann wiederum in die Kneipe und sie war wieder enttäuscht. Der ewige Kreislauf, der kein Ende zu nehmen schien. Als Michel dann mit meiner und ihrer Unterstützung nach Frankreich gefahren war um endlich wieder zu malen, konzentrierte sie sich ganz auf mich. Diese Zeit war sehr anstrengend.
Ein Beispiel möchte ich gerne erwähnen;
Morgens wollte sie mich nicht zur Arbeit gehen lassen. Wenn ich kurz zu ihr ins Zimmer ging, um mich zu verabschieden, kam es häufig zu unerfreulichen Begebenheiten. Zu dieser Zeit

trank sie morgens vor 8.00 Uhr ein oder zwei Korn. Sie hatte eine Flasche am Bett stehen, um sich die Beine damit einzureiben. Sie meinte, das sei preiswerter als Franz-Branntwein, den es für medizinische Zwecke zu kaufen gab, und hätte die gleiche Wirkung. Wenn ich also morgens zu ihr ging, bot sie mir einen Korn an und sagte: "Das ist gut für den Kreislauf und für die Gesundheit."

Manchmal kam es auch zu sehr unerfreulichen Begebenheiten, wenn sie mich absolut nicht gehen lassen wollte. Einmal ist es passiert, dass sie mir im Nachthemd auf die Straße folgte und sich an der Stoßstange meines Autos festhielt als ich losfahren wollte.

Am schlimmsten war es allerdings für mich, wenn ich abends sehr müde von meiner Arbeit kam und einfach nur in Ruhe gelassen werden wollte. Es war nicht möglich ins Haus zu gelangen, ohne dass sie gleich in der Tür stand und mich festhielt. Ich hatte lediglich vor ein wenig auszuruhen, um dann wieder ihren Klagen zuzuhören. Einmal ging sie so weit, dass sie vor meiner Toilettentür stand und klopfte, sie rief:

"Ich weiß genau, dass du da bist." Ich hatte, völlig fertig nach der Arbeit, versucht auf Strümpfen leise die knarrenden Treppen hochzugehen, ohne dass sie es merken sollte.

Mir reichte es, ich wollte mein eigenes Leben führen. Zum Zeitpunkt meines Auszuges nach den Sommerferien war klar, es wird keinen Neuanfang mit Michel mehr geben.

Vor den Sommerferien hatten wir noch die Idee in Frankreich etwas aufzubauen. Aus einem Sparvertrag hatte ich einiges Geld zur Verfügung und wir wollten etwas Sinnvolles damit machen. Wir hatten seit langem die Idee ein altes Bauernhaus in Frankreich zu kaufen. Als Sicherheit für ein Darlehen brauchten wir die Unterschrift seines Bruders. Dieser wollte die Unterschrift nicht geben.
Michel hatte nun keine Lust mehr mit mir nach Frankreich zu fahren. So fuhr ich mit Jan alleine in die Sommerferien.

Als wir zurückkamen wurde mir über meine Arbeitsstelle eine schöne Wohnung in einem kleinen Haus angeboten. Diese Wohnung hatte einen offenen Kamin und einen Garten. Da sich die Situation im Haus meiner Schwiegermutter während meiner Abwesenheit nicht verbessert hatte, nahm ich das Wohnungsangebot an.

Ich benutzte das Geld für meinen Neuanfang. Der Platz war ausreichend für Jan und mich. Ich fühlte mich dort sehr wohl und konnte endlich zur Ruhe kommen. Jan und ich liebten ganz besonders den offenen Kamin. Es war eine Wohltat für mich, im ersten Winter das offene Feuer zu genießen.

Wege der Heilung

Hier beginnt mein ganz eigener Weg. Ich möchte schreiben was mir geholfen hat mich aus den Verstrickungen in einem Alkoholiker Leben zu befreien, was mein Weg war zu einem gesunden, selbstbestimmten Leben. Natürlich hatte Michel auch noch nach meinem Auszug eine wichtige Rolle in meinem und in Jans Leben. Im Laufe der Zeit konnte ich jedoch immer mehr Abstand halten und ihm klare Grenzen setzen. Er hatte die volle Verantwortung für sein Tun zu übernehmen. Ich war nicht mehr zuständig. Es war am Anfang nicht leicht, weil er durch Selbstmordandrohungen versuchte mich umzustimmen. Oder er übte über Jan Druck auf mich aus. Ich habe manchen Abend am Kaminfeuer gesessen und aus tiefem Herzen geweint. Das Feuer hatte eine unglaublich heilende Wirkung auf mich. Abends nach der anstrengenden Arbeit einfach nur dazusitzen und ins Feuer zu schauen, meine Trauer zu spüren, das hat mir sehr geholfen. Ich konnte jedoch auch spüren, dass ich ihn immer noch liebte und mir das Beste für ihn wünschte.

Der 1. Schritt aus dem Zwölf Schritte Programm der Anonymen Alkoholiker ging mir ständig durch den Kopf: **"Wir gaben zu, dass wir Alkohol gegenüber machtlos sind - und unser Leben nicht mehr meistern konnten."**

Das traf auf mich wirklich zu. Ich als Co-Abhängige war dem Alkoholproblem meines Mannes gegenüber völlig machtlos. Ich musste ihn verlassen, damit ich mein eigenes Leben wieder meistern konnte. In der ersten Zeit in meinem neuen Zuhause versuchte ich mich nicht abzulenken durch zu viel Gesellschaft. Ich hatte meine Arbeit, die mir Freude machte und meinen Sohn, der langsam anfing sein eigenes Leben zu leben. Ich wollte meine Traurigkeit fühlen ohne in ihr zu versinken. Aber ich wollte sie auch nicht überdecken mit Überaktivitäten, ich wollte spüren was in meinem Inneren geschah. Manchmal kam es vor, wenn ich mich abends am Feuer ausgeweint hatte, dass auf einmal ein stilles Glücksgefühl in mir aufkeimte. Ich konnte lächeln und hatte das Gefühl es geschieht etwas Wunderbares in mir. Es gab da eine Kraft und ein stilles Glück, das ich so noch nicht kannte. Ich liebte die Schönheit des Feuers und den Frieden den ich dort erlebte. Es war so gut nach der Arbeit nach Hause zu kommen und kein Chaos erwarten zu müssen. Manchmal stöpselte ich das Telefon aus um bei diesem Frieden nicht gestört zu werden.

Ich weiß nicht mehr genau, wann die Veränderung in mir begann.
Am Anfang stand die Erkenntnis, dass wirklich ein Problem vorlag, das ich nicht mehr geheim halten konnte. Ich musste zugeben, dass mein Mann Alkoholiker war. Ich musste es vor mir zugeben und auch vor den anderen. Das war kein leichter Schritt und ich schämte mich sehr. Dabei brauchte ich dringend Hilfe, da ich es alleine nicht schaffen konnte. So musste ich den Mut aufbringen zu einer der A-Gruppen zu gehen. Von dem Moment an, als ich das erste Mal von diesen Gruppen hörte, bis zu dem Moment, wo ich tatsächlich den Weg dorthin fand, verstrichen qualvolle Monate. Aber während dieser Zeit war ich schon in einem Prozess der Veränderung.

Aber auch nach diesen Monaten hatte ich alleine nicht die Kraft, in eine der Gruppen zugehen. Eine Freundin musste mich dorthin begleiten. Ich weiß heute nicht mehr, wovor ich so große Angst hatte, schlimmer konnte es doch gar nicht werden. Mein erster Besuch der Al-Anon Gruppe brachte mir gleich große Erleichterung und neue Erkenntnisse. Sozusagen einen neuen Blick auf meinen chaotischen Alltag und meine verwirrenden Gedanken. Es war eine Erleichterung zu erfahren, dass der Alkoholiker krank sei und nicht unbedingt böse, denn ich liebte meinen Mann. Durch den Besuch der Gruppe erhielt ich viele neue Möglichkeiten und Informationen. Ich konnte auf einmal wählen zwischen all den hilfreichen Tipps und Angeboten von denen ich hörte, konnte abwägen, ob Dinge die anderen geholfen haben, oder wie sie mit ihrer eigenen Situation umgegangen sind, auch für mich richtig und hilfreich sind. Sah ich vorher keinen Ausweg aus meiner verzwickten Lebenssituation, so gab es jetzt viele neue Möglichkeiten für mich und meine Familie.

Ich brauchte nur auszuwählen was für mich am besten war. Ich konnte lernen, mich immer mehr auf mein Bauchgefühl zu verlassen. Wichtig war, dass ich anfing etwas für mich zu tun, mich zu fragen; "was tut dir gut, was brauchst du?" Wenn es mir gut ging, dann konnte ich auch etwas für meine Familie tun. So stand am Anfang mein eigener Heilungsprozess, meine eigene Gesundheit im Vordergrund. Gute Gesprächspartner/innen waren wichtig; das ständige Wiederholen der schrecklichen Dinge, die der Alkoholiker gesagt oder getan hatte, musste aufhören. Menschen, die mir sagten wie schlecht sein Verhalten sei und wie leid ich ihnen täte, waren ab sofort überflüssig. Im Laufe meiner eigenen Veränderung traten andere Menschen in mein Leben. Ich lernte sie leicht und mühelos kennen. Es entstanden Freundschaften, die bis auf den heutigen Tag mein Leben bereichern.

Was mir außerdem weiterhalf waren Bücher. Zuerst die AA Literatur. In der ersten Zeit verschlang ich diese Schriften regelrecht. "Das blaue Buch"[6] wurde mein Begleiter für viele

Jahre. Dann hatte ich die kleinen Bücher **der Hazelden** Stiftung entdeckt. Mein erstes war "Licht in der Nacht"[7], dieses kleine Buch spendete mir viel Trost in schlaflosen Nächten. Am Anfang eines neuen Jahres freute ich mich darauf mir eines der Bücher zu kaufen und es als Jahresbegleiter zu haben. Durch mein Interesse an Meditation fand ich im Laufe der Zeit neue Gruppen und Möglichkeiten. In einem Zentrum in meiner Nähe wurde eine Zeit lang eine Meditation zum Jahreswechsel angeboten, die von einer Frau geleitet wurde. Dieses Ritual war wunderbar und stimmte mich voll Freude auf das kommende neue Jahr ein. Diese Meditation wurde unter Anleitung durchgeführt und fand in einer sehr schönen Atmosphäre statt. In der ersten Phase konnten wir im Liegen das alte Jahr verabschieden. Wir wurden bei leiser Musik durch die einzelnen Monate geführt und konnten in uns spüren was noch schmerzhaft ist und was wir gerne loslassen wollen. Danach hatten wir Zeit genug all das auf ein Blatt Papier zu schreiben und dieses Blatt wurde im Hof in ein kleines Feuer gegeben. Unsere schmerzhaften

Erlebnisse konnten somit zum Himmel aufsteigen. In der zweiten Phase, die auch im Liegen stattfand, konnten wir uns unsere Wünsche klarmachen. Was wünschten wir uns von Herzen für das kommende Jahr? Auch diese Wünsche wurden danach auf ein Blatt Papier geschrieben. In der dritten und letzten Phase legten wir das Blatt mit den Wünschen auf unser Herz und machten damit eine letzte Meditation im Liegen bei Musik. Alles war feierlich und schön und so konnte ich erwartungsfroh in das neue Jahr gehen. In veränderter Form mache ich heute noch ein ähnliches Ritual zum neuen Jahr mit einer Freundin. Es ist immer wieder etwas Besonderes so jedes Jahr willkommen zu heißen mit all seinen Erlebnissen. Der geschriebene Wunschzettel soll übrigens im Laufe des Jahres nicht mehr durchgelesen werden. Ich habe diese Zettel gut aufgehoben und manchmal, erst einige Jahre später, wieder gelesen. Die Überraschung war groß, da ich bemerkte, dass sich alle meine Wünsche erfüllt hatten.

"Wir kamen zu dem Glauben, dass eine Macht, größer als wir selbst, uns unsere geistige Gesundheit wiedergeben kann"[8]

Ich komme aus einem atheistischen Elternhaus, in dem es keinen Glauben und keine Spiritualität gab. Ich habe beten von meiner Großmutter gelernt, ob wohl sie auch nicht wirklich religiös war. Für mich war als Kind das Beten abends vor dem Einschlafen sehr wichtig. Ich bin nicht in der Kirche, aber diese Zwiesprache mit Gott, oder einer höheren Macht, haben mich seit meiner Kindheit begleitet. Dann hatte ich einige Jahre den Zugang zu Gott völlig verloren und ich habe auch nicht mehr gebetet. Durch AL-Anon öffnete ich mich wieder der Möglichkeit einer "höheren Macht" und konnte spüren wie hilfreich das für mich in der schweren Zeit war.

Durch eine Freundin entdeckte ich die Bücher von Thich Nhat Hanh und war begeistert. Sein Buch Innerer Friede - äußerer Friede[9], hat einen großen Eindruck bei mir hinterlassen. Bis auf den heutigen Tag prüfe ich mich nach der Methode, wie friedlich ich selber gerade in meinem Inneren bin, und was ich nach außen ausstrahle. Erst wenn ich selber meinen inneren Frieden spüren kann, dann kann ich ihn auch an mein Umfeld weitergeben. Über diese Bücher fand ich eine Meditationsgruppe nach Thich Nhat Hanh, der ich nun seit 18 Jahren angehöre. So lerne ich auch, was ich selber tun kann, um unsere Welt friedlich mitzugestalten. Ich bin ein lebendiger Teil meiner Umgebung und die Sinnfrage stellt sich mir nur noch ganz selten.

Fuerteventura, 12. Januar 2016

Ich bin seit 5.00 Uhr wach und finde keinen Zugang zum Schreiben. Habe meine handgeschriebene Geschichte "Wie zwei Schwalben im Flug" durchgelesen und überlegt, ob ich sie in diese Geschichte einfließen lasse. Sie ist der innige Anfang der Liebe zwischen Michel und mir. Beim Durchlesen finde ich sie zu persönlich. Ich bin noch nicht bereit sie preiszugeben. So habe ich mich heute Morgen verzettelt und konnte keinen Anfang finden. Ich spüre, dass die Geschichte noch nicht rund ist, es fehlt noch etwas ganz Entscheidendes. Was will ich noch sagen, was kann ich noch teilen um Menschen, in schwierigen Situationen, sozusagen ein "Licht in der Nacht" zu sein? Ich erinnere mich daran, dass ich in meiner schweren Zeit nach jedem Strohhalm griff, der mir weiterhelfen konnte. Dazu gehörten auch authentische Geschichten zu dem Thema Alkoholismus.

Das Ende von Michels Leben

Im Grunde genommen, waren Michel und ich nie wirklich getrennt. Er war immer Bestandteil meines Lebens bis zu seinem Tod. Unsere Beziehung hat sich im Laufe der Zeit gewandelt. Bei meinem Auszug gab es am Anfang Dramen und dann war er wieder da, hat uns geholfen so gut er konnte. Er begleite auch lange Jahre nach der Trennung das Leben von Jan und mir. Schwierig wurde es, als ich einen neuen Mann kennenlernte. So musste ich wieder Distanz zu ihm aufbauen um mein neues Leben nicht zu gefährden. Ich besuchte ihn regelmäßig als seine Mutter in einem Pflegeheim untergebracht war. Ich musste auch mit ansehen, dass er nach wie vor trank. Er wollte nicht glauben, dass die Diabetes und seine langsam absterbenden Beine, etwas mit seinem Alkoholkonsum zu tun hatten. So begann ein langer Leidensweg für ihn.

Sein Zustand verschlechterte sich von Jahr zu Jahr. Ich musste den schmerzhaften Prozess miterleben, dass er allmählich ganz vom Gehen abkam. Zuerst ging er an Stöcken und lachte darüber, weil die Leute meinten, es seien Walkingstöcke. Als es ihm nicht mehr möglich war sich so fortzubewegen, schaffte er sich ein Dreirad an. Zusätzlich brauchte er auch noch einen Rollator. Als er aus eigener Kraft die Pedale des Dreirads nicht mehr treten konnte stieg er auf einen Elektrorollstuhl um. Das gab ihm das trügerische Gefühl der Unabhängigkeit. Denn nun war er in der Lage wieder in die Innenstadt zu fahren und zu trinken. Dabei kam es vermehrt zu schwierigen Situationen. Einmal wurde er auf einer Hauptverkehrsstraße von der Polizei angehalten, als er verkehrswidrig, unter Alkoholeinfluss dort fuhr. Ich arbeitete bei einem nahegelegenen Naturschutzprojekt mitten im Grünen an einem See. Der Weg dorthin war beschwerlich und Autos waren nicht zugelassen. Eine Zeit lang besuchte er mich, was mir nicht recht war, denn er trank auch dort. So sorgte ich mich darüber, wie er nach Hause kam. Bei einem dieser Besuche war die Batterie des Rollstuhls leer und er konnte aus eigener Kraft nicht mehr weg. So musste unser Sohn dafür sorgen, dass er wieder unbeschadet seine

Wohnung erreichen konnte. All diese Ereignisse taten mir weh und machten mich traurig.

Am Ende war er alleine, nur noch wenige Menschen hatten Kontakt zu ihm. Ich lebte mein eigenes Leben, ging aber 1 x wöchentlich zu ihm, wenn ich nicht auf Reisen war. Ich versuchte ihm etwas Freude in seinen Alltag zu bringen. Meistens, wenn ich zu ihm kam, rollte ich ihn mit seinem Rollstuhl in den Wintergarten in die Sonne. So konnte er den Garten sehen. Das machte ihm große Freude. Es wurde eine schwierige Zeit für ihn und seine Angehörigen. Es brach mir das Herz, ihn so hilflos zu sehen. Michel wollte auf keinen Fall aus seiner gewohnten Umgebung weg. Er wurde aber immer mehr zum Pflegefall.

Ich war nicht in der Lage ihn zu pflegen und wollte es auch nicht. Zu diesem Zeitpunkt waren wir bereits 10 Jahre geschieden. So musste ich Grenzen setzen, musste ihm klarmachen, dass es nicht meine Aufgabe war. Besuchen ja, Gesellschaft leisten ja, pflegen nein. Da Michel so schwierig war, hatte er gleich am Anfang einige Mitarbeiterinnen des Pflegedienstes vergrault. Wir mussten ihm deutlich sagen, dass er nicht auf uns zählen könne, wenn er so weitermachte. Eine Freundin, die schon seine Mutter gepflegt hatte, kümmerte sich liebevoll um ihn in all der Zeit. Es wurde ein schwerer Weg und teilweise blieb ich ganz weg, weil er mal wieder das Personal des Pflegedienstes verärgert hatte und ich ihn ins Bett bringen oder auf die Toilette setzen sollte. Damit fühlte ich mich so überfordert, dass ich fast unter ihm zusammenbrach als er sich auf mich stützte.

Es gab 2 Menschen, die sich so gut es ging um ihn kümmerten. Beide hatten eine Ausbildung im Pflegebereich, waren aber seine Freunde. Auch sie wollten gelegentlich verreisen. So sprachen wir uns untereinander ab, damit er nicht alleine war. Er konnte es nicht vertragen, wenn ihm jemand vom Pflegedienst die Haare oder den Bart schneiden musste. Wenn ich zu ihm kam und für eine leichte, fröhliche Stimmung sorgte, ließ er sich von mir Haare, Bart und Fingernägel schneiden. Ich sah Michels

Schicksal mit Trauer, es tat mir weh ihn so zu sehen. Es war mir nicht gleichgültig wie es um ihn stand. Gerne hätte ich es anders gehabt. Wir hatten in dieser Zeit immer wieder gute Gespräche und Begegnungen.

Als Jan und Larissa im August 2012 nach Brasilien gingen war er sehr betroffen. Es wurde ein Abschied für immer. Irgendwann stand fest, so geht es nicht mehr weiter, Michel kann nicht mehr alleine im Haus bleiben. Er konnte nichts mehr alleine machen. In dieser Zeit hatte er mehrere Krankenhausaufenthalte. Seine Familie kümmerte sich darum, dass er in ein Pflegeheim kam.

Ich erfuhr bei einem Krankenhausbesuch, dass sie ihn ins Pflegeheim gebracht hatten. Ich fuhr sofort dort hin und war sehr erschrocken, als ich ihn im Zimmer dieses Heims liegen sah. Er wirkte so verloren in dem leeren Raum. Immer öfter erschien es mir, als sei er schon in einer anderen Welt, wenn ich ihn besuchte. Als er mich erkannte strahlte er mich an und sagte; "da bist du ja endlich". Es erinnerte mich an einen seiner ersten Sätze, als wir uns im Januar 1980 kennenlernten. Nach unserer ersten Unterhaltung sagte er damals; "wo warst du die ganze Zeit?"

Es war meine letzte Begegnung mit ihm. Eine Woche später rief mich seine Tochter an und sagte, dass er gestorben sei.
Nur einen Tag vorher war sie mit ihrem Freund bei ihm gewesen und sie hatten eine Spazierfahrt mit dem Rollstuhl am nahe gelegenen Fluss gemacht. Er habe sehr würdevoll ausgesehen, hat sie mir später erzählt.

Wie entscheide ich mich als Angehöriger?

Wie können Menschen für sich die Entscheidung treffen ob sie sich vom Alkoholiker trennen oder nicht? Was ist das Beste für mich und meine Familie? Das sind zentrale Fragen im Leben eines Menschen mit einem alkoholkranken Partner. Jahre habe ich mich damit befasst und fand erstmal keine Lösung. Es gibt keine einfachen Antworten. Außenstehende können nur schwer eine solche Situation einschätzen. Sie können nur erahnen, was der Co-Abhängige durchleidet. Die Frage "Was sagt dir dein Herz" hat mir dabei sehr geholfen. Mein Herz hat immer wieder "ja" gesagt zu Michel. Das war aber gleichzeitig auch mein Dilemma; denn wenn der Partner nicht bereit ist, sich Hilfe zu holen, geschieht immer wieder das Gleiche. So habe ich mich lange Zeit im Kreis bewegt. Habe mir selber etwas vorgemacht, habe bei jedem Neuanfang geglaubt, dass es nun endlich besser werden würde.

Nach unserer Trennung ging Michel wie ferngesteuert seinem Alkoholiker-Schicksal entgegen. Schon als ich ihn kennen lernte erzählte er: "Ich sehe mich in der Gosse und meine Familie geht an mir vorbei und kennt mich nicht". Später dachte ich an den folgenden Satz: -Du bekommst was du dir wünschst, also achte gut auf deine Wünsche-. Jeder Mensch muss wirklich auf sich selber achten, denn wenn es mir gut geht, dann kann ich auch den Menschen um mich herum von meiner Freude und Fülle abgeben. Das kann sich dann positiv auf alle auswirken. Irgendwann hatte ich für mich beschlossen zu gehen, weil meine seelische und körperliche Gesundheit gefährdet war. Das muss nicht automatisch die Konsequenz sein für jede Alkoholiker Geschichte. Jede Situation ist anders, wie auch die Menschen, die damit zu tun haben, verschieden sind. Ich weiß heute, dass ich vieles hätte besser machen können, wenn ich all das schon gewusst hätte, was ich heute über das Thema Alkoholismus weiß. Dafür ist es jetzt zu spät. Michel ist im Alter von 74 Jahren gestorben und hat ein sehr intensives Leben gelebt. Es ist müßig zu sagen, was wäre gewesen wenn? Andere Menschen sterben auch schon früher an anderen Krankheiten. Wir wissen nicht wie es kommt. Je mehr ich mich mit Alkoholismus beschäftigte, umso weniger gab ich Michel die Schuld. Ich konnte klar erkennen, dass in meinem Fall die Familiengeschichte Alkoholismus die Ursache war, warum ich ihn mir ausgesucht hatte. Er erinnerte mich an meinen Vater, als er bei unserer ersten Begegnung vor mir stand, seine Art war mir vertraut. Dazu kam eine tiefe Seelenverwandtschaft die uns von Anfang an verband.

Ich bedaure es nicht, ihm begegnet zu sein. Je mehr Zeit vergeht, umso mehr kann ich die Tiefe und Schönheit unserer Beziehung erkennen.

Ich wünsche mir für meinen Sohn, dass er einen guten Weg gehen kann. Ich wünsche mir, dass er sieht, dass er eine Wahl hat. Er muss nicht das Schicksal seines Vaters wiederholen. Es gibt viele Familienstrukturen und wir werden von den Gedankenmustern unserer Eltern geprägt. Zusätzlich spielen die Charakterfixierungen eine große Rolle in unserem Leben. Die

Enneagramm Arbeit mit den Büchern von Eli Jaxon-Bear[10] und Helen Palmer[11] waren mir eine große Hilfe auf meinem Weg. Wenn wir diese Fixierungen erkennen, können wir uns auch von ihnen lösen. Das erfordert einen klaren Blick und tiefe Selbsterkenntnis. Dazu sollten wir uns unbedingt Hilfe holen. Der Beistand eines/er Therapeuten/in ist dabei sehr hilfreich. Neben dem Besuch einer AL-Anon Gruppe war mir das Gespräch mit meiner Therapeutin sehr wichtig. Es brachte einen ganz anderen Blick auf die Dinge. Was mir außerdem geholfen hat, waren Familienaufstellungen nach Hellinger. Er sagt; "wenn sich einer aus dem Familienverbund auf den Weg macht, dann ist Heilung für alle möglich."[12] Nach meiner 1. Aufstellung lag ich zu Hause weinend in meiner Badewanne und telefonierte mit meiner Schwester. Mir war so kalt, dass ich das heiße Wasser brauchte. Ich erzählte ihr unter Tränen von den Geschehnissen während der Aufstellung. Meine Schwester meinte: "Aber warum machst du das? Ich gehe da gar nicht erst dran." Sie hatte gelernt zu verdrängen, kaute weiter Fingernägel und trank häufig zu viel. So fing ich an meinen Weg alleine zu gehen. Der Satz von Hellinger hat sich in meinem Fall absolut bewahrheitet. Viel hat sich verändert in meiner Herkunftsfamilie, seitdem ich mich verändert habe.

Fuerteventura, 15. Januar 2016

Glück liegt über meinem Leben. Ich werde wach und spüre sofort die Freude, die Neugierde auf diesen neuen Tag.
Gestern haben wir mit Freunden einen Ausflug zur Nachbarinsel gemacht. Ich war abends so müde, dass ich schon früh im Bett war. Jetzt habe ich fast 9 Stunden geschlafen und fühle mich sehr zufrieden. Konnte ich früher den Tag nicht lange genug ausdehnen, so habe ich inzwischen für mich entdeckt, wie gerne ich früh schlafen gehe, um morgens wieder früh aufzustehen. Wenn es nicht unbedingt nötig ist, mag ich den Tag nicht bis in die Nacht ausdehnen. Ich liebe die frühen Morgenstunden. Ich vermeide zu viel Ablenkung durch Fernsehen oder belastende Gespräche. Ich spüre nach einem langen, ausgefüllten Tag, jetzt ist es genug. Es kann nichts Besseres mehr geschehen, als das was heute war. So darf ich dem Körper gestatten, sich auszuruhen. Oft lege ich mich nach einem ereignisreichen Tag einfach hin und lasse den Tag an mir vorbeiziehen.

Eine Übung aus dem Reiki hilft mir dabei Ruhe zu finden, wenn ich glaube, nicht schlafen zu können. Ich liege auf dem Rücken, die Handflächen flach über den Lungen, das ist der emotionale Bereich, die Finger der Hände dabei zusammenhalten, nicht spreizen. Das bringt Ruhe und Entspannung. Der Tag läuft an mir vorbei und obwohl ich nicht auf dem Rücken einschlafen kann, bin ich sehr schnell eingeschlafen.

Fuerteventura, 19. Januar 2016

Auch heute Morgen fällt mir wieder die Geschichte in die Hände, die ich vor einem Jahr auf Fuerteventura geschrieben habe. Vor einer Woche war ich noch nicht bereit sie zu teilen, aber heute habe ich mich entschlossen dies zu tun.
Sie lautet:

Wie zwei Schwalben im Flug,

mit diesem Satz werde ich wach und ich erinnere mich an den ersten Monat mit Michel. Es muss um die Karnevalszeit 1980 gewesen sein, wir hatten uns im Januar kennen gelernt. Es war kalt und in seinem Atelier gab es keine Heizung, nur einen Bollerofen. Auf diesem Ofen stand ein großer Bottich mit heißem Wasser. Es war ein kalter, sonniger Februartag. Um uns zu wärmen hatten wir Grog gemacht, Rum mit heißem Wasser. Wir waren in einer sehr zärtlichen, verliebten Stimmung. Der Grog hatte uns leicht und warm gemacht. Alles um uns herum verschwamm und wir waren eins in unseren Gesprächen, in unserer Liebe und in unseren Umarmungen. Die Konturen der Außenwelt hatten sich aufgelöst. Unsere Körper waren miteinander verschmolzen in einer fließenden Umarmung. Es war wie in einem Wachtraum, Berührung, Zärtlichkeit, Intensität -nur wir beide in einer unglaublichen Leichtigkeit miteinander vereint- zeitlos. Als wir aus dieser Umschlingung in einem wunderbaren Glückszustand zu uns kamen, meinte Michel; "wie zwei Schwalben im Flug" und genauso hatte ich das gerade auch erlebt. Danach gingen wir in das noch nicht fertig gebaute Bad des Ateliers und gossen uns heißes Wasser vom Ofen gegenseitig mit Krügen über unsere Körper, wie zwei spielende Kinder, völlig ausgelassen und genießend. Das baustellenähnliche Bad unterstützte dabei unsere Fröhlichkeit. Nichts war wie es sein musste oder zu sein hatte, alles spiegelte die Besonderheit unseres neuen Lebens, unserer neuen Liebe wieder und es war ungewöhnlich und großartig. In dieser Art von Großartigkeit verliefen viele Erlebnisse mit Michel in der ersten Zeit. Es war schon etwas Besonderes ihn an meiner Seite zu haben. Wir stimmten überein in unserer Spontaneität und in der Freude am reinen, puren Leben.

Letztes Jahr in **Brasilien im Dezember 2014** hatte ich einen Traum:

Im dichten Wald von Terra Mirim; dem schamanischen Centrum von Alba Maria, hatten wir tagsüber eine Schwitzhütte gebaut. Diese sollte nun in der Nacht darauf eingeweiht werden. Einige von uns mussten die Nacht davor die Hütte bewachen. So schliefen wir bei leichtem Regen unter den Bäumen mit den Lianen. Das Ritual ging bis in die frühen Morgenstunden. In der unbedeckten Hütte brannte ein kleines Feuer und alle 2 Stunden wechselten wir uns mit unserer Wache in der Hütte ab. Als ich außerhalb der Hütte kurze Zeit eingeschlafen war, sah ich im Halbschlaf Michel und seinen Freund Jannis, schräg über mir in Sichthöhe in den Wolken auf einer Bank sitzen. Michel lag ausgestreckt auf der Bank mit dem Kopf an der Seitenlehne und Jannis saß mit dem Rücken an die Rückenlehne gelehnt. Michel hatte seine tauben Beine auf Jannis Beine gelegt. Die beiden sahen sehr fröhlich aus. Sie zwinkerten sich zu und schauten sehr wohlwollend auf mich herunter. Ich lag da unten und fühlte mich sehr geborgen unter ihrem freundlichen Blick.

Michel, ich glaube es geht dir gut, da wo du jetzt bist.
Und wer weiß, vielleicht begegnen wir uns irgendwann in einer anderen Dimension noch einmal "wie zwei Schwalben im Flug"

Ein guter Schluss

Hier auf Fuerteventura treffen wir immer wieder nette Menschen. So wohnt in der Appartement-Anlage, wo wir seit 3 Jahren sind, über uns ein netter Engländer. Gerne unterhalten wir uns von Balkon zu Balkon und machen Small Talk. So hatte ich gestern meine Schreibarbeiten abgeschlossen und wollte mich mit meiner Freundin in einem Café treffen. Sie war schon früh aus dem Haus gegangen, weil sie einen Frisörtermin hatte. Nachdem ich per SMS fragte, wo wir uns treffen können, kam eine etwas geheimnisvolle Nachricht; "sitze mit John im Café gegenüber vom Salon". Aha, "wer ist denn John?" fragte ich. "Komm und sieh selber" war die Antwort.

Ich ging beschwingt den Berg herunter und der Altstadt entgegen. Ich liebe diesen Weg. Die Sonne schien intensiv in mein Gesicht und das Meer glitzerte mir entgegen. Als ich bei dem etwas zurückliegenden Café im Schatten von Antonios Salon ankam, sah ich sie dort mit dem Engländer, dessen Namen ich bisher nicht kannte, bei einem Kaffee sitzen. Später erfuhr ich, dass er dort einmal wöchentlich Spanisch-Unterricht bekam von der netten Dame aus der Rezeption unserer Appartement-Anlage. Seit vielen Jahren verbringt John, der aus der Nähe von London kommt, den Winter auf Fuerteventura. Er erkundigte sich höflich bei mir, ob ich einen guten Vormittag gehabt hätte und wie es mir ginge. Etwas schüchtern erzählte ich, dass ich in mein Laptop geschrieben habe. Auf seine Nachfrage, was ich denn schreibe, sagte ich ebenso schüchtern, es sei noch privat.

Danach entwickelt sich eine interessante Unterhaltung. John ist so um die 75 Jahre und erzählte wie glücklich sein Leben seit ca. 15 Jahren verliefe. Vorher sei es ihm allerdings nicht so gut gegangen. Was dann kam, konnte ich kaum glauben und bestätigte mir ein weiteres Mal, dass es keine Zufälle im Leben gibt. John hatte vor 15 Jahren eine Leber-Transplantation. Zuvor hatten ihm die Ärzte gesagt, dass er allenfalls noch 6 Monate zu leben hätte. Dann sprach er über seinen Alkoholismus und über die Gruppen, die er mehrere Jahre besucht hatte. Bis zu seiner schlimmen Erkrankung war er nicht bereit, sein Leben zu ändern. Ich saß da und war wie erstarrt. Ich konnte nicht glauben, was er mir erzählte, denn ich hatte mit keinem Wort über meine Geschichte gesprochen.

Hatte ich ihm vorher nicht sagen wollen, an was ich schreibe, so kam es nun ganz natürlich aus mir heraus, dass das Thema meiner Geschichte Alkoholismus war. Ich erzählte ihm, dass mein Ex-Mann an den Folgen des Alkohols vor 2 1/2 Jahren gestorben sei. Eine Zeit lang sahen wir uns schweigend an. Bei John war die Zeit nach der 1. Transplantation nicht leicht gewesen. Sein Körper hatte die erste Leber und dann auch noch die zweite abgestoßen. Erst der 3. Versuch ist gelungen und die neue Leber wurde von Johns Körper akzeptiert. Er erzählte wie glücklich er sei über sein neu errungenes Leben. Seitdem habe er nie wieder Alkohol getrunken. Er wusste, dass seine Leber von einer jungen Frau stammt und war unendlich dankbar dafür, dass diese Frau einer Organspende zugestimmt hatte. John sagte, dass er schon aus Respekt dieser verstorbenen, jungen Frau gegenüber, keinen Alkohol mehr trinken möchte.

Das hat mich tief beeindruckt. John betonte, dass er ein sehr glückliches Leben lebe und heute würde er jeden Tag genießen. Auch ich war sehr zufrieden an diesem wunderbaren Sonnentag auf Fuerteventura. Ich hatte dabei den Eindruck die Sonne und Johns Gesicht strahlten um die Wette. Seine Alkoholgeschichte hatte ein glückliches Ende genommen. Wahrscheinlich sollte ich ihm genau aus diesem Grund heute hier begegnen. Somit kann auch meine Geschichte hoffnungsvoll enden.

Da mir in meiner schweren Zeit die Literatur von AA und Al-Anon sehr geholfen hat, möchte ich die Präambel, die Zwölf Schritte und die Zwölf Traditionen der Anonymen Alkoholiker gerne zitieren. Diese Richtlinien gelten so oder ähnlich für alle A-Gruppen, auch für Al-Anon als Gruppe für Angehörige von Alkoholikern. Ich habe mir die Erlaubnis eingeholt, diese hier zu zitieren und mache ausdrücklich darauf aufmerksam, dass Literatur der Anonymen Alkoholiker ausschließlich von diesen vertrieben wird.

Alle Rechte von Texten wie auch der Präambel, der Zwölf Schritte[13] und der Zwölf Traditionen liegen bei **AA-Grapevine Inc. New York/Anonyme Alkoholiker Interessengemeinschaft e.V.**

Von der Website der Anonymen Alkoholiker im deutschsprachigen Raum können sie die von mir zitierten Texte herunterladen;[14]
www.anonyme-alkoholiker.de

Meinem eigenen Partner war es leider nicht

möglich, von dem reichhaltigen Schatz an Literatur und Gruppengesprächen, Hilfe zu finden, da er bis zum Schluss seines Lebens nicht zugeben konnte, dass er Alkohol gegenüber machtlos war – und sein Leben nicht mehr meistern konnte.

Anhang

Die Präambel der Anonymen Alkoholiker

Anonyme Alkoholiker sind eine Gemeinschaft von Männern und Frauen, die miteinander ihre Erfahrung, Kraft und Hoffnung teilen, um ihr gemeinsames Problem zu lösen und anderen zur Genesung vom Alkoholismus zu verhelfen. Die einzige Voraussetzung für die Zugehörigkeit ist der Wunsch, mit dem Trinken aufzuhören.

Die Gemeinschaft kennt keine Mitgliedsbeiträge oder Gebühren, sie erhält sich durch eigene Spenden.
Die Gemeinschaft AA ist mit keiner Sekte, Konfession, Partei, Organisation oder Institution verbunden; sie will sich weder an öffentlichen Debatten beteiligen, noch zu irgendwelchen Streitfragen Stellung nehmen.
Unser Hauptzweck ist, nüchtern zu bleiben und anderen Alkoholikern zur Nüchternheit zu verhelfen.

Mehr zur Präambel der Anonymen Alkoholiker

Die Präambel der Anonymen Alkoholiker beschreibt kurz und exakt das Tun und Lassen der Gemeinschaft AA. Für viele Außenstehende zu kurz.

Deshalb einige Erläuterungen:
Die Anonymen Alkoholiker sind Menschen aller Völker, Kulturen, Bekenntnisse und sozialer Schichten, die ein gemeinsames Problem haben – den Alkoholismus. Um ihr Problem, die Alkoholabhängigkeit, lösen zu können, schließen sich die Anonymen Alkoholiker zu Gruppen zusammen. Bei den meist wöchentlichen Gruppentreffen (Meetings) sprechen sie von ihren eigenen Erfahrungen mit dem Trinken, dem Aufhören und dem Leben ohne Alkohol: der einzigen Genesungsmöglichkeit.

Aus diesen Meetings-Gesprächen schöpfen die teilnehmenden Alkoholiker immer wieder aufs Neue Erfahrung, Kraft und Hoffnung für ihr eigenes Leben, das sie in Selbstverantwortung führen wollen. Jeder muss seine Genesung – ein Leben ohne Alkohol – selbst in Angriff nehmen. Die Gemeinschaft AA, die Gruppen, die Genesenden zeigen nur die Lösungsmöglichkeit, Lösungswege auf.

Mit dem Trinken kann nur aufhören, wer den Wunsch dazu hat.

Jeder, der diesen Wunsch verspürt, ist im Meeting willkommen.

Die AA-Gruppen, die als Gesamtheit die Gemeinschaft AA bilden, sind in sich völlig selbständig.

Alkoholiker helfen sich und anderen, "trocken" zu werden und zu bleiben. Durch eigene Spenden tragen sie auch die entstehenden Kosten.

AA-Gruppen wie auch die Gemeinschaft als Ganzes sollten von außen kommende Unterstützung ablehnen, da selbst wohlgemeinte Spenden abhängig machen können.

Die Gemeinschaft der Anonymen Alkoholiker bewahrt ihre Unabhängigkeit und Einigkeit weiterhin, indem sie sich nicht mit Institutionen und Personen verbindet oder sich zu den Streitfragen unserer Zeit äußert. Die Anonymen Alkoholiker stellen ihr gemeinsames Problem, ihre Abhängigkeit vom Alkohol, in den Mittelpunkt all ihrer Bemühungen um Genesung vom Alkoholismus. Wäre es anders, hätte sich die Gemeinschaft AA nicht weltweit ausbreiten können.

Die Anonymen Alkoholiker versuchen, ein glückliches, zufriedenes Leben zu führen. Durch ihr Beispiel im Meeting und im täglichen Leben zeigen sie noch leidenden Alkoholikern einen Weg aus dem Alkoholismus.

Die Gemeinschaft versetzt Alkoholiker in die Lage, sich selbst zu helfen.

Die Zwölf Schritte der Anonymen Alkoholiker

1. Schritt
Wir gaben zu, dass wir dem Alkohol gegenüber machtlos sind – und unser Leben nicht mehr meistern konnten.

2. Schritt
Wir kamen zu dem Glauben, dass eine Macht, größer als wir selbst, uns unsere geistige Gesundheit wiedergeben kann.

3. Schritt
Wir fassten den Entschluss, unseren Willen und unser Leben der Sorge Gottes – wie wir ihn verstanden – anzuvertrauen.

4. Schritt
Wir machten eine gründliche und furchtlose Inventur in unserem Inneren.

5. Schritt
Wir gaben Gott, uns selbst und einem anderen Menschen gegenüber unverhüllt unsere Fehler zu.

6. Schritt
Wir waren völlig bereit, all diese Charakterfehler von Gott beseitigen zu lassen.

7. Schritt
Demütig baten wir ihn, unsere Mängel von uns zu nehmen.

8. Schritt
Wir machten eine Liste aller Personen, denen wir Schaden zugefügt hatten und wurden willig, ihn bei allen wieder gutzumachen.

9. Schritt
Wir machten bei diesen Menschen alles wieder gut – wo immer es möglich war -, es sei denn, wir hätten dadurch sie oder andere verletzt.

10. Schritt
Wir setzten die Inventur bei uns fort, und wenn wir Unrecht hatten, gaben wir es sofort zu.

11. Schritt
Wir suchten durch Gebet und Besinnung die bewusste Verbindung zu Gott – wie wir ihn verstanden – zu vertiefen. Wir baten ihn nur, uns Seinen Willen erkennbar werden zu lassen und uns die Kraft zu geben, ihn auszuführen.

12. Schritt
Nachdem wir durch diese Schritte ein spirituelles Erwachen erlebt hatten, versuchten wir, diese Botschaft an Alkoholiker weiterzugeben und unser tägliches Leben nach diesen Grundsätzen auszurichten.

Die Zwölf Traditionen der Anonymen Alkoholiker

1. Tradition
Unser gemeinsames Wohlergehen sollte an erster Stelle stehen; die Genesung des Einzelnen beruht auf der Einigkeit der Anonymen Alkoholiker.

2. Tradition
Für den Sinn und Zweck unserer Gruppe gibt es nur eine höchste Autorität – einen liebenden Gott, wie Er sich in dem Gewissen unserer Gruppe zu erkennen gibt. Unsere Vertrauensleute sind nur betraute Diener; sie herrschen nicht.

3. Tradition
Die einzige Voraussetzung für die AA-Zugehörigkeit ist der Wunsch, mit dem Trinken aufzuhören.

4. Tradition
Jede Gruppe sollte selbständig sein, außer in

Dingen, die andere Gruppen oder die Gemeinschaft der AA als Ganzes angehen.

5. Tradition

Die Hauptaufgabe jeder Gruppe ist, unsere AA-Botschaft zu Alkoholikern zu bringen, die noch leiden.

6. Tradition

Eine AA-Gruppe sollte niemals irgendein außenstehendes Unternehmen unterstützen, finanzieren oder mit dem AA-Namen decken, damit uns nicht Geld-, Besitz- und Prestigeprobleme von unserem eigentlichen Zweck ablenken.

7. Tradition

Jede AA-Gruppe sollte sich selbst erhalten und von außen kommende Unterstützung ablehnen.

8. Tradition

Die Tätigkeit bei den Anonymen Alkoholikern sollte immer ehrenamtlich bleiben, jedoch dürfen unsere zentralen Dienststellen Angestellte beschäftigen.

9. Tradition

Anonyme Alkoholiker sollten niemals organisiert werden. Jedoch dürfen wir Dienst-Ausschüsse und -Komitees bilden, die denjenigen verantwortlich sind, welchen sie dienen.

10. Tradition
Anonyme Alkoholiker nehmen niemals Stellung zu Fragen außerhalb ihrer Gemeinschaft; deshalb sollte auch der AA-Name niemals in öffentliche Streitfragen verwickelt werden.

11. Tradition
Unsere Beziehungen zur Öffentlichkeit stützen sich mehr auf Anziehung als auf Werbung. Gegenüber Presse, Rundfunk, Film und Fernsehen ist stets unsere persönliche Anonymität zu wahren.

12. Tradition
Anonymität ist die spirituelle Grundlage aller unserer Traditionen, die uns daran erinnern soll, Prinzipien über Personen zu stellen.

Was ist Co-Abhängigkeit

Am Ende meiner Geschichte möchte ich noch etwas zum Thema Co-Abhängigkeit sagen. Anfangs wusste ich nicht, dass nicht nur mein Mann als Alkoholiker ein Problem hatte, sondern das auch mein Verhalten krankhafte Züge aufwies. So lernte ich beim Besuch der Al-Anon Gruppe was man unter Co-Abhängigkeit versteht. Es wurde sogar betont, dass Außenstehende am Verhalten des Partners schnell erkennen können ob beim Ehemann/Ehefrau ein Alkoholproblem vorliegt. Der Angehörige eines Suchtkranken macht sich sozusagen zum Komplizen des Abhängigen, indem er wichtige Aufgaben übernimmt oder beim Chef anruft und den Partner mit Krankheit entschuldigt, obwohl er weiß, dass dieser aufgrund von Alkoholeinfluss nicht arbeiten kann.

Auch Arbeitskollegen machen sich zu Co-Abhängigen, wenn sie den abhängigen Kollegen schützen, indem sie seine Fehler herunterspielen oder entschuldigen.

Dadurch entsteht die Situation, dass der Alkoholiker/in mit den negativen Auswirkungen seiner Sucht nicht konfrontiert wird. So kann nicht genug Leidensdruck entstehen, um wirklich den Wunsch zu bekommen etwas am Fehlverhalten zu verändern.

Somit unterstützt der Co-Abhängige die Sucht und zögert den Zeitpunkt hinaus, an dem der Abhängige sich entschließt, etwas gegen seine Sucht zu unternehmen.

Die Co-Abhängigen müssen erkennen, dass sie durch ihr eigenes Verhalten dem Alkoholiker/in nicht helfen, sondern schaden, wenn sie seinen Alkoholismus zu vertuschen versuchen. Es ist sehr schwer für einen Angehörigen zuzusehen, wie sich der Partner durch Alkohol zu Grunde richtet.

Es gibt nicht nur Selbsthilfegruppen für Alkoholiker/innen, sondern auch für Co-Abhängige. Es ist sehr wichtig für sie zu lernen, die eigene Person und die seelische und körperliche Gesundheit in den Mittelpunkt ihrer Bemühungen zu stellen. So war es für mich ein Segen zu erfahren, dass ich nicht für die Nüchternheit meines Partners verantwortlich bin. Außerdem musste ich endlich damit aufhören mich für das Fehlverhalten meines Partners zu schämen oder zu entschuldigen.

Und noch ein Gedanke zum Schluss:

Am Anfang dieser Geschichte stand der Gedanke, dass ich etwas an die Al-Anon Gruppe zurückgeben wollte, die mir so sehr geholfen hat meinen Weg der Heilung zu gehen. Lange hatte ich ein schlechtes Gewissen, weil ich glaubte, nicht genug von meinen Fortschritten geteilt zu haben. Als ich dann nach Fertigstellung meiner Geschichte an die einzelnen Adressen der AA und Al-Anon Gruppen herantrat und mitteilte, dass ich ein Buch über meinen ganz persönlichen Weg aus der Co-Abhängigkeit geschrieben habe, konnte ich schnell feststellen, dass gar kein Interesse an meiner Geschichte bestand. Zuerst war ich erstaunt und enttäuscht, aber dann war ich dem Mitarbeiter des Dienstbüros in Deutschland sehr dankbar für seine klare E-Mail, die ich gerne wiedergeben möchte: "Hallo Maria, wir hören tgl. Lebensgeschichten in allen Facetten in unseren Meetings, es ist lieb, dass Sie die Ihre anbieten

möchten, sie wäre aber sicher so ähnlich wie meine eigene oder die zahlreicher anderer Freundinnen und Freunde.
Liebe Grüße und gute 24 Stunden
aus dem Dienstbüro."

Damit war klar, dass ich mir mal wieder umsonst Gedanken gemacht hatte. Ich werde in Zukunft noch mehr darauf achten, dass ich mich um meine eigenen Dinge kümmere und lasse anderen Menschen ihre eigene Verantwortung. Das heißt jedoch nicht, dass ich kein Mitgefühl mehr habe für andere Menschen. Ich als Co-Abhängige habe inzwischen gelernt, dass ich ganz alleine für meine geistige und körperliche Gesundheit verantwortlich bin.

In diesem Sinne; gute 24 Stunden

Maria Merimi

Literaturhinweise

---

[1] Sinnspruch aus dem Sanskrit, altindische Literatursprache
[2] Paulo Coelho, Schutzengel
[3] Die Zwölf Schritte der Anonymen Alkoholiker, 1. Schritt
[4] Ursula Lambrou, Familienkrankheit Alkoholismus
[5] Michael Ende, Die unendliche Geschichte
[6] Das blaue Buch der Anonymen Alkoholiker
[7] Amy E. Dean, Hazelden- Meditationsbücher, Licht in der Nacht
[8] Die Zwölf Schritte der Anonymen Alkoholiker, 2. Schritt
[9] Thich Nhat Hanh, Innerer Friede – Äußerer Friede
[10] Eli Jaxon-Bear, Das spirituelle Enneagramm
[11] Helen Palmer, Das Enneagramm, Sich selbst und andere verstehen lernen
[12] Bert Hellinger, Familienaufstellungen, siehe auch
www2.hellinger.com
[13] Copyright AA-Grapevine Inc. New

York/Anonyme Alkoholiker Interessengemeinschaft e.V.
[14] Anonyme Alkoholiker im deutschsprachigen Raum

Herstellung und Verlag:
BoD - Books on Demand, Norderstedt
ISBN 978-3-7431-8821-1